Il profumo dell'Amore Puro

Swamini Krishnamrita Prana

Mata Amritanandamayi Center, San Ramon
California, Stati Uniti

Il profumo dell'Amore Puro
di Swamini Krishnamrita Prana

Pubblicato da:
Mata Amritanandamayi Center
P.O. Box 613
San Ramon, CA 94583
Stati Uniti

—————— *The Fragrance of Pure Love (Italian)* ——————

Prima edizione a cura del MA Center: agosto 2016

In Italia: www.amma-italia.it

In India:
inform@amritapuri.org
www.amritapuri.org

Indice

"Non sai quanto a lungo
abbia cercato un dono da offrirTi.
Niente sembrava appropriato.
Che senso ha donare dell'oro a una miniera d'oro o
dell'acqua all'oceano?
Qualunque cosa trovassi,
era come voler portare delle spezie in Oriente.
È inutile offrirTi il mio cuore e la mia anima
perché sono già Tuoi.
Così ti ho portato uno specchio.
GuardaTi
e ricordaTi di me".

Rumi

Capitolo 1

Dimorare con Dio

La prima volta che vidi Amma fu nel 1982. Seduta in una piccola capanna con il tetto di foglie di palma da cocco, stava conversando con alcune persone sedute a terra intorno a lei. Quando entrai, Amma si alzò di scatto e mi venne incontro per salutarmi con un abbraccio caloroso. Il suo amore traboccante mi lasciò senza fiato. Ne rimasi quasi scioccata: non avevo mai pensato che qualcuno potesse donare così tanto amore a uno sconosciuto.

Provenivo da un centro spirituale dell'India del nord dove il Guru sedeva a una certa distanza e nessuno aveva il permesso di toccarlo. Alcuni maestri spirituali ritengono che il contatto fisico sottragga loro energia e per questo motivo consentono agli altri solo di prostrarsi restando a una certa distanza.

Si dice che l'energia fluisca lungo il corpo e fuoriesca dai piedi: toccandoli con riverenza, si viene benedetti.

Amma era ben lontana da tutto questo: nella sua compassione, aveva offerto con entusiasmo corpo, vita e anima al mondo. La mia mente 'spiritualmente colta' non riusciva a concepirlo. Pensavo di conoscere tutto della spiritualità, ma Amma mi dimostrò rapidamente che non sapevo nulla del puro Amore divino. Ero sbalordita dell'amore e dell'affetto che irradiavano spontaneamente da lei.

Per mia grande fortuna ebbi la grazia di starle accanto nel suo ashram quando vi erano solo quattordici residenti.

Vivere con Amma aprì davanti a me una sfera della devozione completamente nuova, nella quale il flusso dei miei pensieri poteva essere canalizzato in una direzione utile, lontano dal mondo. Attraverso la vita e le azioni di Amma, gli insegnamenti spirituali di cui avevo solo letto o sentito parlare diventarono un'esperienza diretta davanti ai miei occhi. L'umiltà di Amma è uno dei suoi insegnamenti più profondi e sottili.

Inizialmente, era difficile per me comprendere il comportamento di Amma perché non avevo mai visto qualcuno così ebbro di Dio. Talvolta si sdraiava sulla sabbia o tra le braccia di qualcuno di noi, intonando canti a Dio o entrando silenziosamente in uno stato di ebbrezza divina, per poi ridere o piangere in estasi.

Amma ci guidava nelle pratiche spirituali quotidiane, incoraggiandoci a focalizzare la mente su una forma del Divino diversa da lei. Per accrescere la devozione, alimentare la sete di Dio e il nostro desiderio di unione con Lui, era necessario che rivolgessimo il nostro anelito verso una forma che *non* conoscevamo ancora. Per nostra fortuna, la forma di Amma era assai più facile da raggiungere: per tante ore, ogni giorno e anche per tutta la notte, Amma era disponibile per chiunque cercasse la sua compagnia.

A un certo punto decidemmo di costruire una piccola casa in modo che avesse maggiore riservatezza e non fosse sempre reperibile e a disposizione di chiunque a ogni ora del giorno e della notte. Il piano superiore della casa comprendeva due stanze: la camera da letto e quella in cui Amma avrebbe accolto i visitatori. Noi utilizzavamo la stanza al piano terra per meditare. Per alcuni mesi dopo la fine dei lavori, Amma rifiutò di lasciare la sua capanna perché riteneva che quelle due nuove camere fossero troppo lussuose per lei. In realtà, erano piuttosto spoglie e solo dopo molte insistenze da parte nostra Amma si arrese e si trasferì nella nuova dimora.

Ogni giorno ci riunivamo nella stanza a pianterreno per meditare. Un giorno, uno dei *brahmachari* (discepolo che pratica il celibato) si mise a eseguire una particolare *asana* di hatha yoga che non avevo mai visto. Sgranando gli occhi, lo osservavo affascinata, mentre il suo stomaco rientrava fino a infossarsi completamente. Ero stupefatta nel vedere che il corpo potesse assumere una tale posizione.

'O mio Dio! Che sta succedendo qui?' pensai. Mentre fissavo sbalordita il suo stomaco incavarsi, Amma entrò, vide il mio stupore e dichiarò: "D'ora in poi le ragazze mediteranno fuori".

Da quel momento sedetti con le poche ragazze sulla veranda, fuori dalla stanza di meditazione. Era più bello stare all'esterno, potevamo vedere le palme da cocco, le distese di sabbia e le *backwater* (laguna). Nella natura, mentre gocce di pioggia scendevano dal cielo sulla terra, immaginavo Sri Krishna danzare poco lontano da me.

Imparai come l'immaginazione possa essere uno dei più bei doni e come possa guidarci nelle lunghe meditazioni. È difficile riuscire a concentrarsi e a rimanere per molto tempo in questo stato ma, se usiamo positivamente la nostra immaginazione, possiamo raggiungere piani spirituali elevati.

La vita con Amma era colma di beatitudine, completamente diversa da tutto ciò che avevo sperimentato o anche solo immaginato sino ad allora, sebbene non mancassero i momenti difficili.

Anche se la gioia della vita spirituale è straordinaria, esiste uno stato spirituale descritto come 'la notte oscura dell'anima'. È uno stadio in cui si è assaliti da un'angoscia intensa, profondamente divisi tra l'attrazione per la vita mondana e il desiderio di quella spirituale. Soffriamo perché non abbiamo ancora abbracciato completamente la vita spirituale. In questa fase, pur sapendo che c'è un solo cammino, siamo tuttavia soggetti a un intenso travaglio interiore.

Nei miei primi anni con Amma, sentii che stavo vivendo un'esperienza simile. Ricordo che ero troppo imbarazzata per parlarne, credevo di essere la sola a provare queste sensazioni. Stavo malissimo perché pensavo che nessun altro potesse sentirsi così abbattuto o provare sentimenti tanto spaventosi. Alla fine mi confidai con un residente occidentale che mi disse di aver vissuto la stessa esperienza nei primi due anni trascorsi accanto al suo primo Guru. Quando capii che quella 'notte oscura' non era sconosciuta agli aspiranti spirituali, riuscii ad andare oltre.

Amma dice che la vera fede non può essere mai scossa; se ciò accade, significa che non si tratta di *vera* fede. Il fatto positivo è che, se superiamo questa prova, la nostra fede in Dio sarà incrollabile. È piuttosto comune che i primi due anni vissuti in un ashram siano i più difficili perché ci si deve adattare in mille modi a un nuovo stile di vita.

Amma ci ricorda che non siamo delle isole, ma che ognuno di noi è un anello di un'unica catena. Sperimentiamo tutti le stesse cose nella vita, ma in modi leggermente diversi.

In quel periodo doloroso Amma mi consigliò di coltivare una di queste due cose: il legame con lei o l'attaccamento all'ashram. Stranamente scelsi l'ashram.

Ero arrivata all'ashram per vivere con Amma ed essere guidata da lei come mio Guru. Sembrava che quasi tutti avessero invece scelto di stare ad Amritapuri per vivere con Amma come Madre. Queste persone avevano quindi stabilito con lei, molto più di me, un affettuoso e intimo rapporto madre-figlio: per me Amma era innanzitutto il mio Maestro e tale rapporto implicava una certa distanza. L'amavo, ma nutrivo anche del timore reverenziale perché era principalmente il mio Guru. Mi sembrava quindi più facile creare un legame affettivo con l'ashram. Dopo qualche anno ho imparato che l'aspetto di '*bhaya bhakti*' (timore reverenziale) è molto importante nella devozione e ci preserva da un comportamento troppo familiare con il Guru.

Nei primi dieci anni accompagnai Amma ovunque. Quando il numero di persone che viaggiava con noi cominciò ad aumentare, sentii che sarebbe stato meglio rimanere nell'ashram, sempre più in espansione, e contribuire al suo funzionamento. Pensai che sarei stata più utile se avessi prestato il mio aiuto in questo modo, invece di viaggiare con Amma e altre centinaia di persone. Dopotutto, per me l'ashram *era* Amma: si dice che esso sia il corpo del Guru, proprio come ho sempre sentito dentro di me.

Molte persone amano stare alla presenza fisica di Amma ma non nutrono la stessa attrazione verso l'ashram. Io iniziai nel modo opposto: volevo fermamente impegnarmi nell'ashram e, a mano a mano che la grazia si riversava, mi venne offerta anche l'opportunità di starle vicino.

Amma sapeva che, caratterialmente, avrei sempre mantenuto una certa distanza e quando lo ritenne opportuno mi attrasse gradualmente a sé. Forse sentì anche che era giunto il momento di lavorare su di me più in profondità.

Ora il mio amore per Amma è maggiore di quello che nutro per l'ashram, sebbene siano per me una cosa sola. In realtà, l'ashram *è* il corpo del Guru e Amritapuri è il mio paradiso in terra.

Capitolo 2

Un'infanzia tra manghi e beatitudine

Ogni volta che viaggiamo in auto, Amma parla sempre della sua infanzia. Quando ricorda il passato, il suo viso risplende di gioia. A volte mi chiedo perché scelga di pensare così spesso a quei tempi, forse perché in quei giorni i valori dell'altruismo e dell'amore venivano rispettati di più.

Durante la sua infanzia, la vita del villaggio e della famiglia era basata sui valori tradizionali. Amma dice che, poiché tutti erano impegnati a dare e a condividere, non occorreva svolgere altre pratiche spirituali. Ricorda spesso la sua gioventù per esortarci a tenere vivi questi valori essenziali come l'altruismo, l'amore, il dono e la condivisione e ci invita a costruire su di essi la nostra vita.

Una volta, parlando a un devoto, Amma raccontava quanto fosse instancabile sua madre che allevava galline, anatre, capre e mucche; si prendeva cura delle giovani palme da cocco e realizzava corde con la fibra delle noci; piantava nel cortile di casa numerose erbe medicinali ayurvediche, ne raccoglieva le foglie e preparava rimedi per trattare ogni genere di disturbo, dalla tosse e la febbre ai gonfiori alle mani. Sebbene non fosse istruita, la madre di Amma aveva uno spiccato senso degli affari e guadagnava spesso il doppio del marito. Oltre a dedicarsi alla sua numerosa famiglia, svolgeva anche altre mansioni. Nonostante i faticosi impegni, era sempre gentile con tutti. Faceva un lavoro fisicamente pesante, ma a quei tempi ogni azione veniva compiuta come un'offerta a Dio e la sua mente era costantemente focalizzata su di Lui.

Quando la madre di Amma cucinava, *per prima cosa* metteva da parte un po' di cibo, nel caso in cui i vicini non ne avessero a sufficienza o qualcuno giungesse all'improvviso, affamato. Il primo pensiero era quello di dare agli altri, una solidarietà che allora sorgeva spontanea.

Se arrivavano degli ospiti, veniva servito loro il cibo migliore, mentre ai propri figli si dava solo acqua di riso. Per protesta, i bambini rubavano a volte della cagliata o dei pezzi di cocco, vi aggiungevano dello zucchero e poi, tutti insieme, andavano a mangiare di nascosto. Se venivano scoperti ricevevano una bella lavata di capo.

Quando arrivavano degli ospiti Amma era sempre pronta a dare una mano. Se non c'era legna per accendere il fuoco si arrampicava persino sulle palme da cocco per strappare qualche foglia secca e poter far bollire l'acqua per il tè. A volte non la trovavano e allora sua madre la scopriva in cima a una palma da cocco e l'ammoniva: "Nessuno ti sposerà tranne un raccoglitore di noci di cocco!". Quando si parlava di *questo*, Amma era sempre molto rapida a cambiare argomento.

Quando una ragazza del villaggio si sposava, tutti partecipavano offrendo gioielli d'oro o denaro per essere sicuri che ai giovani sposi non mancasse nulla. A quei tempi nessuno pensava di accumulare per l'avvenire, ognuno donava semplicemente ciò che aveva.

Spesso le persone ricche pensano di poter fare quello che vogliono ma, senza un giusto atteggiamento verso i valori fondamentali dell'amore disinteressato e dell'impegno, sarà molto difficile trovare la vera felicità. Oggi i buoni principi sono in rapido declino. Non solo in India, i valori antichi si stanno velocemente sgretolando ovunque.

La cultura e visione spirituale di Amma si basano sul valore del dono e sulla gioia che ne deriva. Amma si sforza di preservare questi valori che stanno scomparendo nel mondo offrendo un esempio perfetto.

Nella sua vita, Amma esprime l'ideale di puro altruismo: potrà esortare gli altri a riposare se sono ammalati ma lei non lo farà mai. Di solito la maggior parte delle persone, attente soltanto ai propri vantaggi, tenta di semplificarsi la vita prendendo una facile scorciatoia. Amma, invece, non devia dal cammino più puro, tradizionale, e non rinnega i valori di amore e compassione: pensa solo a quello che può dare.

Amma ha sempre visto la meraviglia e la bellezza di Dio ovunque. Persino quando era piccola, sapeva che il Divino risiede in ogni cosa: nei muri, negli alberi, nelle piante, nelle farfalle, proprio in tutto. Ricorda come avesse l'abitudine di inseguire le libellule, le farfalle, le api e gli uccelli nella foresta intorno a casa. Non sapendo che volesse semplicemente cantare per loro, a volte, quando le catturava, le api e le libellule la pungevano. Mentre danzava rapita nella foresta, Amma componeva spontaneamente dei canti, raccontava storie agli alberi e ai fiori, conversava con la Natura come se fosse una sua intima amica perché per lei, di fatto, lo era.

Quando siamo in auto e Amma vede un fiume, ricorda che tutti i bambini andavano a nuotare nella laguna. Se non avevano il permesso di fare il bagno, le bambine entravano nell'acqua alzando i vestiti fino alle ginocchia per non bagnarli e non essere scoperte dalla mamma.

Se il vento soffiava forte, Amma e tutti gli altri bambini uscivano correndo verso l'albero di mango e pregavano ardentemente che il vento facesse cadere un frutto. Oggi il suono del vento tra gli alberi le ricorda quelle preghiere innocenti.

Nel mondo di oggi, l'intera creazione, non solo le persone ma la stessa Madre Natura, invoca il tocco guaritore della Madre Divina. Durante l'infanzia di Amma, grazie al profondo legame che avevano con Madre Natura, gli abitanti del villaggio sapevano apprezzare gli abbondanti doni che essa offriva loro. Oggi ci troviamo nella situazione opposta: la nostra mancanza di riverenza ha portato alla continua distruzione della Natura. Per proteggere il mondo nel quale viviamo, dobbiamo ristabilire i valori tradizionali di cura e rispetto verso ogni essere vivente.

Qualche anno fa, mentre eravamo nell'isola di Mauritius, Amma insistette per recarsi presso una particolare abitazione e benedire la casa e la famiglia. Poiché quelle persone non vivevano più lì e la casa era deserta, ritenevamo inutile l'ulteriore fatica che Amma si imponeva: aveva trascorso l'intera notte dando il darshan e ci auguravamo che si riposasse un po', ma lei fu irremovibile.

Voleva ritornare nel luogo in cui era stata ospitata anni prima per ringraziare gli alberi e le piante e anche le pareti della casa che le avevano offerto riparo. Ci ricordò che non dovremmo mai dimenticare le nostre radici ma provare sempre gratitudine nei loro confronti.

Capitolo 3

Nata per elevare l'umanità

Amma sapeva sin dall'inizio che la sua vita aveva lo scopo di elevare l'umanità sofferente. Cominciò a esprimere questo amore sconfinato quando era ancora una ragazzina: sentiva che doveva prodigarsi e alleviare le sofferenze altrui in qualsiasi modo, non poteva fare altrimenti.

Amma vede Dio in ogni cosa e per questo motivo ha trascorso buona parte della sua infanzia in beatitudine, sebbene fosse testimone dell'atroce sofferenza dovuta all'estrema povertà del villaggio in cui viveva.

Molti degli abitanti soffrivano intensamente perché non potevano permettersi di spendere nemmeno poche rupie per degli antidolorifici. Non avendo neppure il denaro per comprare un solo foglio di carta per gli esami scritti, alcuni genitori erano costretti a ritirare i loro figli da scuola.

Le piccole capanne in cui vivevano molti abitanti del villaggio erano fatte di foglie di cocco e ogni anno, prima dell'arrivo dei monsoni, occorreva ricostruire il tetto. Se la famiglia non aveva i soldi necessari, spesso durante le piogge l'acqua penetrava dal tetto. Se possedevano un ombrello, le madri sedevano tutta la notte vicino ai loro bambini cercando di ripararli. Quando i pescatori ritornavano dalla pesca a mani vuote, cosa che accadeva spesso, gli abitanti più poveri del villaggio rimanevano senza cibo.

Alcuni uomini annegavano i propri dispiaceri nell'alcool, bevendo e giocando a carte sulla spiaggia e quando tornavano a casa picchiavano le loro mogli. A volte capitava che degli ubriachi di passaggio facessero del trambusto. Conoscendo questa situazione, Amma aveva sempre desiderato trovare un modo perché tutte queste persone, le donne in particolare, avessero almeno una piccola casa di due stanze in cui rifugiarsi.

Quando era bambina, molti anziani si recavano da lei in preda all'angoscia. Con grande naturalezza e spontaneità, Amma li confortava, lasciando che piangessero sulla sua spalla o che si abbandonassero affranti sul suo grembo. Se le loro famiglie se ne disinteressavano, Amma li portava a casa sua per lavarli, nutrirli e dare loro dei vestiti adeguati.

Pensando agli altri, Amma dimenticava se stessa e diventava come un fiume di amore e compassione che scorreva verso gli indigenti, trasformando la pena in speranza e creando per molti di loro un futuro luminoso.

La sofferenza quotidiana che le persone attorno a lei pativano divenne la sua. Ad Amma poco importava che si trattasse di un uomo o di una donna, rispondeva semplicemente in modo spontaneo a questo grido di dolore. Per aiutare, offriva il cibo o il denaro che aveva, rubandolo talvolta ai suoi famigliari e mettendoli così in grande difficoltà.

La sorella di Amma ricorda: "Nostra madre non rimproverava mai Amma quando regalava del cibo ai poveri ma Amma donava praticamente *tutto* quello che avevamo! Andava a far visita a delle persone, poi tornava a casa e prendeva tutto ciò di cui avevano bisogno. Dava loro riso, verdura, abiti, utensili, ecc. Dovevamo stare attenti persino al nostro sapone! A quei tempi consideravamo queste azioni dei furti. A volte entravo in bagno e dopo che Amma aveva finito di lavare queste persone, gettavo via il sapone che aveva usato, provando disgusto al pensiero di lavarmi con ciò che era stato toccato da loro. Riferivamo tutte le azioni di Amma a mia madre e lei la puniva anche sculacciandola. Solo ora capiamo che erano atti di carità nati da un amore incondizionato. Spesso mi scuso con Amma per tutto quello che le abbiamo fatto passare, non consapevoli della sua natura divina".

In famiglia c'erano quattro figlie e la società di quei tempi imponeva regole severe alle donne: non dovevano essere né viste né sentite, non dovevano parlare ad alta voce, nemmeno i muri dovevano udirle! La terra non doveva sentirne i passi. Dovevano stare tranquille e portare rispetto agli uomini senza mai esprimere le proprie opinioni.

Amma e le sue sorelle hanno ricevuto un'educazione severa. La madre le ammoniva a non parlare ad alta voce, a non correre o camminare velocemente; il segno che portavano sulla fronte doveva essere piccolo e non dovevano mai attrarre l'attenzione su di sé.

La grande compassione di Amma la spinse a ignorare le dure regole della società indiana. Man mano che cresceva, il suo comportamento diventava sempre più strano per la mentalità del luogo. Uscì dalla gabbia di ferro in cui erano rinchiuse le donne di allora e quando iniziò a dare il darshan e ad abbracciare persone sconosciute, anche uomini, la sua famiglia e gli abitanti del villaggio ne rimasero inorriditi. In quel periodo, molte delle persone che avevano ricevuto aiuto da Amma presero le distanze. Non si può biasimare la ripugnanza della sua famiglia per la sua condotta. I genitori erano preoccupati perché desideravano che tutte le loro figlie si sposassero e temevano che il comportamento insolito di Amma potesse disonorare il buon nome della famiglia.

Come potevano sapere che il suo strano modo di fare non era che un segno della sua grandezza?

A quei tempi, i *sannyasi* (monaci indù) viaggiavano spesso di villaggio in villaggio, insegnando alle persone la spiritualità. Tuttavia, fu solo quando aveva circa vent'anni che Amma incontrò per la prima volta un sannyasi nella sua zona; accettò con pazienza l'ignoranza della famiglia e degli abitanti del villaggio, consapevole del proprio scopo e di cosa le riservava il futuro.

La verità è che quando un fiore sboccia, rivelando la sua bellezza e il suo dolce profumo, com'è possibile tenere lontane le api?

Capitolo 4

Il Guru ci guida a Dio

Amma non si limita a restare seduta parlando di spiritualità, la vive giorno per giorno ed è per noi un esempio perfetto. Le sue azioni sono persino più potenti dei messaggi contenuti nelle Scritture, di cui lei è l'essenza vivente. La sua vita è una storia sacra che espone tutti i sentieri dello yoga: *karma* (azione disinteressata), *bhakti* (devozione) e *jnana* (conoscenza).

Amma ci ricorda che siamo *destinati* a realizzare il Divino e cerca di risvegliare in noi il desiderio della felicità eterna. Attraverso le azioni del Guru possiamo vedere Dio in forma tangibile. Con Amma è possibile fare l'esperienza *personale* dell'amore divino, vedendolo e sentendolo.

L'intero ciclo della nostra evoluzione fisica e spirituale è perfettamente programmato, non ci resta quindi che imparare ad abbandonarci per andare oltre la sofferenza e raggiungere lo stato finale di unione con il Divino. Siamo noi stessi a creare i problemi attraverso un atteggiamento mentale negativo. Nella sua compassione, il Guru crea situazioni che distruggono questa negatività e disarmano il nostro ego fino a consumarlo gradualmente.

Tutto questo mi ricorda una signora spagnola in visita all'ashram che non capiva l'inglese. Desiderando acquistare qualcosa di dolce, si era recata alla caffetteria dove i menù sono solo in inglese. Aveva acquistato una fetta di torta perché era descritta come 'senza ego', pensando che Amma fosse stata così compassionevole da offrire un dolce senza ego. In realtà, la scritta indicava un dolce senza uova! (*egg* in inglese). Non sappiamo mai in che modo Amma operi su di noi...

C'è una storia commovente che narra di un devoto che ogni sera si recava ad ascoltare i discorsi del suo Maestro spirituale. Durante il primo anno, il Maestro lo trascurò completamente nonostante il discepolo frequentasse tutti i *satsang* (discorsi spirituali). Ripetutamente ignorato, il devoto cominciò a sentirsi profondamente frustrato e persino in collera. Tuttavia non smise di assistere ai discorsi controllando la propria rabbia. L'anno seguente, all'inizio di un discorso, il Maestro gli fece cenno di avvicinarsi e sedersi davanti a lui: il discepolo pensava di ricevere finalmente qualche attenzione ma continuò a essere deliberatamente ignorato.

Con il passare del tempo, la collera si trasformò in grande tristezza. Questo processo sciolse lentamente l'ego del devoto fino a rendere silenziosa la sua mente. Un giorno, mentre l'uomo era infinitamente triste, il Guru si avvicinò, gli toccò teneramente il volto e lo guardò profondamente negli occhi. In quell'istante il devoto raggiunse l'illuminazione, la grazia del suo paziente e compassionevole Maestro era scesa su di lui.

Solo quando il nostro ego comincia a sciogliersi e non siamo più niente, iniziamo a diventare qualcosa. Amma dice che soltanto allora cominciamo a essere parte del tutto.

Ogni azione di Amma è una manifestazione dei suoi insegnamenti. Possiamo studiare migliaia di libri spirituali e ascoltare centinaia di maestri in voga, ma solo la grazia di chi ha scoperto le profondità dell'anima ci condurrà alla meta, nient'altro.

Amma afferma che non è compito suo dirci ogni cosa e che la vita ci insegnerà ciò che dobbiamo imparare. Ha condiviso con noi tantissime verità spirituali, ripetendole più volte: è una fonte di saggezza. A noi piace osservarla e ascoltare i suoi discorsi, ma molti pensano di sapere già tutto.

Abbiamo letto ogni genere di libro sulle possibili forme tradizionali o moderne della spiritualità, eppure, quanti di noi cercano di metterne in pratica i principi?

In Persia, nel X secolo, viveva un grande visir, Abdul Kassem Ismael, così attaccato al suo sapere da non tollerare di stare lontano dalla sua biblioteca di 117.000 volumi. Quando viaggiava, una carovana di quattrocento cammelli trasportava tutti i suoi libri. Gli animali erano stati addestrati a camminare in ordine alfabetico in base ai libri che trasportavano; è una storia vera.

Pur essendo depositari di tutto il sapere, è difficile per noi accedervi al momento opportuno. Ecco perché abbiamo bisogno della guida di un vero Maestro come Amma.

Durante un tour dell'India di qualche anno fa, dopo un picnic con tutto il gruppo, proseguimmo il viaggio verso il programma successivo. Amma era seduta per terra nel camper e con la carta faceva un origami a forma di barchetta mentre vicino a lei sedeva un bambino. Lo invitò a prestare attenzione perché gli avrebbe insegnato a costruire la sua barchetta. "Guarda bene", gli disse mentre piegava ciascun lembo di carta, e poi contò: "Uno, due, tre, quattro…" fino a dodici, il numero di pieghe necessarie per realizzare la barchetta.

Assistendo alla scena, pensai che il Maestro spirituale si comporta allo stesso modo con noi: ci mostra come infondere in ogni azione creatività e bontà costruendo, magari, la barca che ci farà attraversare l'oceano del *samsara*, il ciclo di vita e morte!

Amma mostrò al bambino tutti i passaggi due volte, ma lui voleva solo giocare con la barca, non gli interessava imparare a costruirla. Sotto molti aspetti, anche noi siamo così, molto più desiderosi di trovare un modo per divertirci e giocare anziché apprendere le lezioni che la vita ci insegna. Fortunatamente Amma attende pazientemente che noi siamo pronti a farlo.

Amma è nota per il suo amore immenso, ma credo che la sua pazienza sia ancora più straordinaria. Attraverso ogni sua azione ci mostra senza sosta ciò che le Scritture cercano di trasmetterci.

Solo un'anima che ha realizzato Dio conosce i principi spirituali più importanti che ci possono aiutare nel cammino. Dobbiamo stare molto attenti prima di accettare qualcuno come maestro spirituale: senza accontentarci, seguiamo solo chi ha realizzato la Verità Suprema. Oggi è molto raro incontrare tali persone. Talvolta esitiamo ad avvicinarle, timorosi di accostarci a loro, sapendo che scorgeranno i nostri brutti pensieri egoisti e le nostre azioni passate. Tuttavia, la loro mente è così pura e il loro amore così sconfinato che vedranno questi aspetti negativi solo come gli errori di un bimbo innocente.

Alcune persone si innamorano a tal punto di Amma da domandarle se devono abbandonare la vita nel mondo per andare a vivere nell'ashram in India. Di solito Amma risponde che non c'è nulla di sbagliato nell'avere una vita di famiglia purché si tenga sempre presente lo scopo ultimo. Amma dice che, ovunque andiamo, dovremmo sempre ricordare di conservare un piccolo spazio dentro di noi per la nostra vera dimora, quella con Dio.

Capitolo 5

Sulla scia della vera bellezza

Oggi la bellezza è qualcosa che si desidera per se stessi, che si indossa all'esterno, quasi come una maschera. Amma è l'esempio di come la vera bellezza provenga dall'interno.

"È l'*altruismo* che permette alla nostra bellezza di risplendere e di trascendere la corazza dell'ego" dice Amma, la cui bellezza non si limita a quello che lei condivide con noi quando siamo in sua compagnia, ma si estende ai pensieri inespressi e ai sentimenti che ci ispira e che permangono a livello sottile. Più manifestiamo amore e attenzione per gli altri, più il nostro cuore si purifica ed emaniamo un dolce profumo.

Amma è paragonabile a una fabbrica di profumi in cui vengono create le migliori essenze del mondo. Ho semplicemente avuto la fortuna di poter lavorare proprio in questa fabbrica e quindi, come sicuramente è successo ad altri, mi è rimasto addosso un po' di profumo.

Quando siamo in viaggio, persone di ogni tipo rimangono profondamente toccate dall'energia divina di Amma: impiegati di compagnie aeree, donne delle pulizie, agenti di sicurezza, passeggeri, personale dell'aeroporto, tutta gente che non aveva mai avuto l'occasione di ricevere un darshan da Amma. Il giorno di una delle nostre ultime partenze dall'India, un folto gruppo di poliziotti addetti alla sicurezza si presentò, come di consueto, per accompagnare Amma all'aereo. Questa scorta non è in realtà necessaria, ma sembra che questo sia il compito preferito dei poliziotti, che competono tra loro per stare vicino ad Amma e camminarle accanto.

Ovunque andiamo, gli agenti circondano Amma cercando di proteggerla dalla folla, anche quando non c'è nessuno! Sebbene quando viaggiamo io cammini solitamente accanto a lei, non compaio nella loro lista delle persone importanti da scortare, sono ritenuta pressoché invisibile. Così, a volte, devo farmi strada a fatica tra loro per raggiungere Amma. Spesso lei mi aspetta, ma può accadere che io non riesca a tenere il passo.

Una volta, i poliziotti furono molto contenti di requisire Amma e di lasciarmi indietro a recuperare i bagagli al metal detector. Nonostante gli sforzi per non perdere il gruppo, finii per ritirare le borse con qualche minuto di ritardo. Per mia fortuna Amma mi aveva lasciato una traccia da seguire: una scia di persone felici ed estasiate. Lungo tutto il tragitto continuavo a incontrare gente traboccante di gioia che mi indicava in tal modo dove si era diretta Amma.

Trovandomi solitamente accanto a lei quando cerchiamo di procedere velocemente attraverso la folla, sono abituata a vedere l'eccitazione delle persone che la salutano, ma non avevo mai visto gli effetti che questo incontro ha su di loro. Così, camminando da sola, ebbi l'opportunità di osservare la grande felicità che Amma aveva donato a tutti quelli che le si erano accostati lungo il tragitto. Era come sperimentare un'ondata di gioia seguendo la sua scia.

Durante un programma del mattino che si svolgeva nel tempio *Brahmasthanam* (tempio ideato da Amma e raffigurante i quattro aspetti del Divino) di Bangalore, Amma chiese ai suoi devoti di immaginare di versare yogurt, burro chiarificato e acqua di rose sui piedi della loro amata Divinità (questi atti fanno parte della Manasa Puja, una pratica di adorazione mentale – N.d.T.). Mentre tutti tenevano gli occhi chiusi ed erano assorti in profonda contemplazione, Amma prese una rosa che si trovava accanto a lei sul *peetham* (seggio sul quale siede il Guru) e la depose a terra sul lato opposto, esemplificando il gesto di mettere una rosa ai piedi della nostra Divinità prediletta.

Solo una giovane del pubblico teneva gli occhi aperti: estasiata, continuava a guardare Amma. La donna teneva in braccio un bimbo addormentato, rannicchiato sulla sua spalla. Non appena lo sguardo birichino di Amma incrociò il suo, il viso della donna si illuminò di gioia. Il sorriso di Amma era molto tenero e solo questa giovane, tra tutti i presenti, seppe coglierlo. Emozionata, stringendo a sé il suo piccolo, chiuse gli occhi per qualche istante, immersa nella beatitudine, e poi li riaprì: traboccavano di una gioia festosa che irradiava tutt'intorno.

Ero stata testimone di questo scambio, partecipe di quel momento magico in cui Amma aveva scoccato una freccia nel cuore di qualcuno, permettendo così alla devota di sperimentare la profonda beatitudine che risiede nel nostro Sé. Fui molto felice che quella giovane madre potesse condividere con Amma un momento tanto personale e toccante; molto probabilmente aveva fatto grandi sacrifici per riuscire a incontrare Amma in quel programma. Vedere tanta gioia sul suo viso fu per me così meraviglioso che ne fui anch'io contagiata! Tutti noi dovremmo sforzarci di provare questo sentimento quando siamo testimoni della felicità altrui. Non è necessario che siamo noi a ricevere il darshan: possiamo condividere questa esperienza e provare la stessa gioia quando siamo in presenza di Amma e osserviamo l'impatto che lei ha sulle persone che la circondano. In un modo o nell'altro, Amma riesce sempre ad aprire il nostro cuore; a ogni istante lei coglie la bellezza e la vera natura di ogni cosa, la presenza del Divino in ciascuno e nell'intero creato, prodigandosi per condividerle con noi. Amma vuole solo il meglio per tutti noi, desidera portarci dove lei dimora e aiutarci a vivere la realtà che lei vive. Questa la ragione per cui è così meravigliosa: ogni suo sguardo irradia compassione, i suoi occhi brillano di luce divina.

Capitolo 6

Madre comprensiva

Amma guarda in profondità dentro ogni persona che va da lei e vede come l'ego e i problemi siano stati generati dalla sofferenza provata in passato. Mentre noi potremmo allontanare una persona che riteniamo fastidiosa o deprimente, Amma le dona un amore che lava via ogni dolore. Questa è la bellezza di ciò che lei è e di quello che ci offre. Amma ci capisce molto più a fondo di quanto possiamo immaginare.

Mentre ci recavamo al programma nel giorno del mio cinquantesimo compleanno, Amma si voltò improvvisamente verso di me e chiese: "Che giorno è oggi?" Risposi che non lo sapevo. Amma lo domandò a Swamiji ma nemmeno lui lo sapeva, così chiesi all'autista che mi disse la data. "Oh!"esclamai, mio malgrado.

Amma me ne chiese il motivo. "Amma, oggi compio cinquant'anni, me n'ero completamente dimenticata", spiegai. Più tardi, alcune persone che avevano scoperto che era il mio compleanno, prepararono una torta e organizzarono un darshan speciale. Fu una grande sorpresa e anche una bellissima esperienza, considerando che normalmente non festeggio tale ricorrenza. I monaci non dovrebbero festeggiare il proprio compleanno e non avrei mai ricordato intenzionalmente il mio ad Amma. Ma ormai, con mio grande sgomento, sembrava che tutti sapessero che giorno ero nata!

Un paio d'anni più tardi, alcune persone decisero di organizzare una festa per il mio compleanno. Sapendo che questo sarebbe potuto accadere, li avvisai ripetutamente che *non* desideravo che organizzassero qualcosa di speciale quel giorno.

Ormai contagiate dallo spirito del compleanno, ordinarono una torta e mi fu chiesto di recarmi da Amma per il darshan.

Questo comportamento mi fece molto arrabbiare e mi rifiutai di salire sul palco. Quel giorno Amma era molto occupata, il programma aveva attirato una grande folla. Ciò nonostante, i seccatori che avevano organizzato questo festeggiamento si recarono da lei e le chiesero di chiamarmi. Amma li guardò in modo strano e fece questo commento: "Non sono sicura che lei gradisca questo genere di cose, ditele che non occorre che venga se non vuole".

Quando tornarono da me e mi riferirono le parole di Amma, provai una gioia immensa. Era l'ennesima prova che c'è almeno *una* persona che mi capisce veramente: Amma sapeva cosa pensavo dei festeggiamenti per il compleanno. Questo era il più grande dono che potessi mai ricevere: sapere che Amma mi comprende completamente, anche quando nessun altro ci riesce.

Amma è la madre di tutti noi, accetta, nutre e si prende sinceramente cura di chiunque in modo equanime. Con totale partecipazione ascolta ogni dettaglio e riconosce tutti gli aspetti di ogni persona, i sentimenti consci e persino quelli che dimorano nelle profondità del subconscio.

Quando Amma inizia a raccontare una storia durante il satsang, a volte potremmo pensare 'Oh, questo racconto l'ho già sentito'. Se però restiamo aperti e consapevoli, possiamo cogliere un significato nuovo, in accordo con il nostro livello di comprensione. Talvolta, solo dopo anni ci accorgiamo di come Amma abbia risposto a qualcosa che giaceva in noi, più in profondità di quanto potessimo immaginare, oltre i piani superficiali nei quali abitualmente dimoriamo.

Amma comprende le persone molto meglio dei loro stessi genitori. I genitori amano i propri figli ma questo non significa che li capiscano. Conosco un adolescente che aveva un desiderio insoddisfatto: indossava già dei piccoli orecchini ma gli sarebbe piaciuto indossarne di più grandi e alla moda. Chiese così ai suoi il permesso di comprarli.

"Assolutamente no!" risposero, fermamente contrari. Un giorno il ragazzo si recò al darshan e Amma gli disse: "Oh, che begli orecchini, ma non pensi che staresti meglio con un paio di orecchini un po' più grandi?" Felice, il ragazzo tornò dai genitori: "Guardate, Amma mi capisce molto meglio di voi!"

Amma era in sintonia con il giovane, conosceva i suoi desideri. Questo è ciò che accade abitualmente perché lei diviene un tutt'uno con la nostra vera essenza. Conoscendo se stessa, conosce anche noi. Noi, al contrario, ignoriamo completamente chi siamo, conosciamo soltanto i pensieri e le emozioni che continuamente oscurano la nostra mente, prendono il sopravvento e ci dicono: "Tu sei così: troppo grasso o troppo magro, troppo chiaro o troppo scuro, devi cambiare il colore dei tuoi capelli...". La conoscenza che Amma ha di noi è molto più grande e completa della nostra, si estende a ogni livello del nostro essere, fino a quello cellulare. Non dubitiamone mai.

In India, gli iscritti alle università di Amma sono diciassettemila. Un giorno, uno studente che abitava nel pensionato universitario disse ai suoi compagni: "Questo posto assomiglia a una prigione, non ci si può mai divertire, sembra di stare in galera". In seguito, alla prima occasione in cui il giovane andò da Amma per il darshan, lei gli domandò: "Come si sta in prigione?" Di sua spontanea volontà, Amma aveva portato questo argomento alla sua attenzione.

Sbalordito, il ragazzo comprese che Amma poteva capire il suo stato d'animo. Questo fatto cambiò completamente il suo modo di pensare e lo aiutò ad adattarsi al regolamento. Ora sapeva che da qualche parte c'era qualcuno a cui rivolgersi, qualcuno che l'avrebbe capito profondamente, più dei suoi genitori e anche dei suoi migliori amici.

Amma abbraccia e accoglie ogni parte di noi e penetra nelle nostre ombre più buie. Ci comprende molto meglio di noi stessi, ci vede e accetta interamente, ascolta ogni nostro pensiero e desiderio; le sue percezioni non sono influenzate da nessuna proiezione perché lei è distaccata e non si cura dei propri sentimenti. Amma raggiunge le profondità della nostra anima più pura e consente alla nostra parte più bella di vedere la luce del giorno.

Capitolo 7

Il profumo dell'Amore

Amma ci ama molto più di quanto potremmo mai immaginare. Tenendoci per mano ci ricorda che "c'è una voce in ognuno di noi che implora di assaporare la dolcezza del puro amore, ma che rimane inascoltata. Siamo nati per sperimentare il puro amore e questa è la nostra ricchezza, ma in questo mondo tale esperienza è davvero rara". Tuttavia, Amma ci offre una speranza, risponde al nostro appello e ci dona l'amore che ardentemente desideriamo.

Ricordo un giorno in cui ero in viaggio con Amma in India: mentre era al telefono con un devoto malato di tumore, Amma cominciò a piangere in silenzio. L'uomo cercava di rincuorarla senza riuscire a fermare le sue lacrime e ripeteva: "Amma, va tutto bene, sento che la tua grazia è con me, va tutto bene".

Al termine della telefonata gli occhi di Amma erano ancora pieni di lacrime. Seduta accanto a lei mi chiedevo: "Perché Amma è così triste? Conosce la Verità, sa che questo corpo non è eterno". Le dissi: "Amma, tu conosci la Verità..."

Eccomi lì, a rinfrescare la memoria ad Amma con un breve discorso sul Vedanta. Lei mi guardò e rispose: "Lo so... *ma sento il loro dolore!*"

Queste parole mi tranquillizzarono per un po'. Mi vergognavo molto di me stessa. Mi immersi in una riflessione profonda e sentii che la grandezza di Amma non risiede solo nell'avere realizzato Dio ma si spinge ben oltre, la vita di Amma è così impregnata di compassione da farle vedere ogni persona come un'immagine riflessa di se stessa.

Seduta nell'auto al buio, ora ero io a piangere silenziosamente.

Guardando Amma, ebbi l'immagine di una stella cometa di compassione che viaggia superando ogni limite e poi ricade sulla terra, scende al nostro livello per realizzare con le sue benedizioni i nostri desideri. Amma sta cercando di insegnarci a vivere una vita basata sulla compassione.

Una notte, al termine di un programma Brahmasthanam a Mangalore, un devoto stava aspettando assieme ad altri che Amma uscisse. Senza un attimo di riposo, Amma aveva solo il tempo di lavarsi e cambiarsi d'abito prima di rimettersi in viaggio verso la città successiva. Dovevamo percorrere un lungo tragitto in auto per arrivare a Hyderabad.

L'uomo era in lacrime perché aveva lavorato ininterrottamente per tutti e tre i giorni, cercando di offrire una sistemazione ai molti devoti accorsi per incontrare Amma. Non aveva potuto assistere al programma perché, a causa della folla immensa, la polizia aveva chiuso il cancello dell'ashram. Pensando di avere perso il suo darshan, ora piangeva disperato.

Quando qualcuno riferì ad Amma che quell'uomo aveva lavorato così tanto da non riuscire a recarsi al darshan, lei dimenticò l'estrema stanchezza e i dolori e corse da lui, gli diede un meraviglioso abbraccio e lo tenne stretto a sé a lungo.

Sopraffatto dall'amore e dalla compassione di Amma, il devoto finì per perdere i sensi; Amma si sedette allora su un gradino, sorreggendolo, e chiese dell'acqua di cocco per aiutarlo a riprendersi. Rinvenuto, egli tentò di alzarsi, ma Amma insistette affinché bevesse prima l'acqua di cocco. L'uomo non poteva credere alla propria fortuna o alla compassione di Amma che gli aveva donato un darshan così lungo.

Compresi allora perché i darshan di Amma in India sono a volte così veloci e non durano che un secondo: forse alcune persone, com'era accaduto a quest'uomo, non reggerebbero a un darshan più lungo! Ad Amma basta un istante per donarci ogni cosa.

Così come Kuchela poté offrire a Krishna un solo boccone di riso soffiato, anche per noi è sufficiente un secondo di darshan perché la via della devozione, accompagnata da ogni dono spirituale che la vita ci può offrire, si apra davanti a noi.

Tradizionalmente, si dice che Radha abbia visto Sri Krishna una volta sola, presso il fiume Yamuna. Da quel momento in poi lei lo amò sempre, comunicando con Lui con il proprio cuore. Anche se riceveremo un solo darshan da Amma, lei non ci dimenticherà mai e ci amerà profondamente e per sempre.

Amma dice: "Fino a quando il vostro cuore non si sarà aperto completamente alla compassione per il prossimo, non comprenderete il vero significato della parola 'Amore', essa rimarrà solo una parola del dizionario". Dobbiamo imparare ad aprire il nostro cuore come fa Amma. Per lei non esistono barriere: si fonde in ognuno di noi, nulla è separato da lei.

Se siamo in grado di immedesimarci nel dolore degli altri e di condividere la loro gioia… se vediamo la felicità di qualcuno che ha appena ricevuto il darshan e la consideriamo come nostra, allora il nostro cammino verso il paradiso sarà cosparso di petali di rosa. È molto difficile riuscire a fare questo, ecco perché Amma ci ricorda costantemente che 'siamo sempre all'inizio del cammino'.

Amma è un fiume d'amore che, giorno dopo giorno, si prodiga per infondere in ognuno quanto più amore e attenzione possibili. È un Essere divino che vive tra noi come una persona comune, ma che ci ama indistintamente in modo sublime e soprannaturale.

Capitolo 8

L'Amore di un Maestro perfetto

La forza più potente sulla terra è l'amore che le anime che hanno realizzato Dio nutrono per noi. Esse ci amano in modo estremamente puro, non desiderano nulla per sé e sacrificano la loro vita per liberarci. In nessun luogo, in nessun'altra parte del mondo troveremo mai qualcosa di più bello, di più generoso e più fidato dell'amore che un Maestro perfetto ha per noi.

Quando il Signore Buddha raggiunse l'illuminazione, si dice che non volesse più lasciare quello stato di beatitudine. Ma appena pose il palmo della mano sul terreno, la terra stessa lo supplicò, in nome di ogni creatura vivente, d'insegnarle come uscire dal dolore dell'esistenza. Cos'altro poteva fare il Signore Buddha se non tornare indietro?

Questo è vero amore. Un amore così sincero e puro che la maggior parte di noi raramente lo incontra in sogno e tanto meno lo sperimenta nello stato di veglia. Difficilmente siamo pronti, o anche disposti, a donare questo tipo di amore e ancora meno a riceverlo.

Si dice che per un Mahatma il sacrificio più grande sia incarnarsi su questa terra, tra noi che viviamo una vita priva di consapevolezza. Ma questo è il sacrificio che i Mahatma sono pronti a fare.

Quando era giovane, il Signore Buddha aveva alcuni nemici estremamente invidiosi. Nel tentativo di screditarlo gli inviarono la cortigiana più famosa dell'epoca. Buddha accolse benevolmente la giovane come accoglieva tutti. La guardò con occhi pieni di amore paterno.

La donna era molto bella, ma la sua mente aveva perso l'innocenza. Cercò di offrirsi a lui, ma con purezza divina egli rispose al suo sorriso dicendo: "Ti amerò quando nessun altro ti amerà. Ti amerò quando ogni altro amore ti avrà abbandonata". Pensando a un rifiuto, la cortigiana, stizzita, se ne andò.

Circa quarant'anni più tardi, Buddha, in fin di vita, mentre veniva trasportato verso la sua ultima dimora su una lettiga in legno, vide una figura vestita di stracci rannicchiata contro un muro. Si trattava di una donna gibbosa, affetta dalla lebbra, il cui viso era roso per metà dalla malattia.

Buddha chiese agli uomini che lo stavano trasportando di fermarsi. Si alzò lentamente e percorse la breve distanza che lo separava dalla donna, la strinse dolcemente e amorevolmente tra le braccia e le ricordò quello che le aveva detto: "Io ti amerò *per sempre*".

Questo è il tipo di amore che Amma ha per noi, un amore universale, che trascende ogni barriera. Attraverso le sue azioni, lei ci ricorda costantemente che sarà sempre con noi per amarci e proteggerci.

Amma scende al nostro livello e finge di essere come noi per elevarci. Si tratta di un gioco divino, non trae alcun vantaggio personale nel compiere tutto ciò che fa per aiutarci: immancabilmente, giorno dopo giorno, senza curarsi della sua salute, si rende disponibile offrendo se stessa in ogni modo. Ripercorrendo le varie epoche storiche, c'è qualche altro grande maestro che si sia comportato in modo simile? Non credo.

L'amore di Amma, quell'amore materno che ha per noi, è instancabile, lei è sempre pronta a dedicarci tempo ed energie, a guidarci, a rallegrarci e a cantare meravigliosi *bhajan*. Se ci è difficile assimilare i suoi insegnamenti attraverso i pensieri e le parole che condivide con noi nei satsang o negli incontri individuali, possiamo sempre imparare ascoltando i suoi bhajan oppure osservando le sue azioni.

Una volta, subito dopo il programma di Calcutta, al termine del darshan, Amma decise di uscire in strada a raccogliere i rifiuti, partecipando alla campagna ABC, un'iniziativa ambientale per ripulire l'India.

I suoi numerosissimi impegni non le permettono facilmente di essere presente e partecipare alla realizzazione dei suoi innumerevoli progetti umanitari, ma il programma di Calcutta era terminato molto presto rispetto al solito, poco dopo le dieci di sera. Nonostante avesse dato il darshan per undici ore di seguito, Amma utilizzò il tempo che le rimaneva per uscire entusiasta e unirsi al gruppo di solerti sevaiti pronti a pulire le vie della città. Questo fu il suo modo di riposarsi e rilassarsi alla fine di una lunga giornata: raccogliere l'immondizia nelle strade.

Armati di guanti e mascherine uscimmo nella via scarsamente illuminata. Molti cuori battevano veloci, tra l'eccitazione e la gioia del servizio disinteressato e un pizzico di paura per ciò che ci aspettava, mentre ci tuffavamo in mucchi di sporcizia accumulata da anni che fiancheggiavano il ciglio delle strade.

Quando raggiungemmo la zona che avremmo pulito Amma si accovacciò velocemente a raccogliere i rifiuti, gettandoli negli appositi sacchi che venivano poi caricati su un camion. Mi disse di starle accanto. Tutti i miei grandi propositi d'immergere le mani nell'immondizia crollarono quando realizzai che dovevo mantenere almeno una mano pulita per impedire che il sari di Amma finisse nel fango e nella sporcizia, e per aiutarla a rialzarsi.

Ciò che mi lasciò veramente a bocca aperta fu lo scoprire che ogni volta che cercavo di aiutare Amma, lei si era già rialzata da sola, senza alcun aiuto! Ero davvero allibita. Si risollevava velocissima, proprio come un atleta.

Pensai a quanto dovessero essere indolenziti e rigidi i muscoli delle sue gambe: per ore era rimasta seduta a gambe incrociate sul palco, offrendo insegnamenti, cantando *bhajan* e dando poi il darshan per tutto il giorno e la sera, senza mai muoversi. Eppure, sembrava che tutto questo non la riguardasse.

Provai a concentrarmi maggiormente per essere più pronta ad aiutarla a rialzarsi ma, per quanto mi impegnassi, non ero mai abbastanza veloce.

Questo episodio mi ha rivelato l'incredibile potere ed energia che il vero amore può generare se abbiamo dedizione e consapevolezza. Con le sue azioni altruiste e in molti altri modi Amma ci mostra sempre che, se ci sforziamo sinceramente, anche noi possiamo diventare una fonte di energia. Amma dice che dove c'è vero amore non c'è sforzo. Lei ne è l'esempio vivente.

Quando la osserviamo possiamo vedere che *tutto* quello che fa esprime il suo amore e la sua compassione per noi. Questo è ciò che ci insegna quando a volte rimane seduta a dare il darshan per oltre venticinque ore consecutive, senza mai alzarsi. Lei abbraccia chiunque vada da lei, indipendentemente da chi è, dall'ora o dal luogo. Amma si rivolge alle persone come un'amica intima e ascolta le loro storie, lamentele, dolori e problemi. Stanca o malata, ha sempre tempo per gli altri, privilegiando i bisogni altrui rispetto ai propri.

Tutto ciò che un Maestro fa, è solo per il *nostro* bene. I Maestri non traggono alcun vantaggio personale. Il desiderio di Amma è offrire la sua vita, donando agli altri, in qualunque modo, il sapore della gioia e della serenità.

Capitolo 9

Trasformare le pietre in oro

Nella vita, e soprattutto da Amma, riceviamo così tante benedizioni, buoni consigli e indicazioni. La sua grazia fluisce sempre su di noi ma, ciò nonostante, siamo lenti nel voler cambiare. Amma ha un'incredibile pazienza: aspetta che noi ci trasformiamo. I Mahatma nascono in questo mondo per ispirarci a crescere, la loro vita costituisce per noi l'esempio più grande. Tuttavia non ci costringono a migliorare perché è qualcosa che dobbiamo fare personalmente.

Quando i Mahatma consacrano un tempio, con il loro *sankalpa* (intenzione divina) e respiro infondono forza vitale nell'idolo di pietra. Quando Amma svolge il *Pratishta* (cerimonia di consacrazione), trasmette il *prana*, l'energia vitale, a una pietra inerte. In quei momenti è facile cogliere le potenti vibrazioni nell'atmosfera e percepire l'intensità dell'energia di Amma.

È triste vedere come una pietra inanimata sia molto più ricettiva e capace di assorbire le benedizioni di Amma di quanto lo siamo noi esseri umani. A ogni abbraccio, Amma ci dona questa stessa energia, ma la nostra trasformazione è estremamente lenta.

La vita non è paziente come Amma e ci solleciterà a cambiare più rapidamente. Questo è lo scopo del dolore nella vita: *costringerci a crescere*. Non è sempre possibile eliminare il dolore, cerchiamo dunque di trasformarlo in qualcosa di positivo. Amma ci aiuta a trovare la nostra forza interiore e ad affrontare qualsiasi circostanza, dissipa l'oscurità illuminandoci con la luce dell'amore e della consapevolezza.

Alcuni anni fa, durante un programma a New York, un devoto locale mi raccontò un fatto meraviglioso accaduto a sua figlia. Sua moglie era molto devota ad Amma, ma i loro due figli non lo erano, anzi, trovavano piuttosto strano questo grande amore. Solo per accontentare la madre, con riluttanza, si erano recati al programma di New York.

Purtroppo, mentre la figlia era seduta tra la folla, qualcuno le rubò il portafogli. La ragazza era molto amareggiata perché conteneva parecchio denaro; sospettava che glielo avesse sottratto un uomo senza fissa dimora che si era seduto accanto a lei, ma non ne aveva la prova.

Sapendo che non c'era rimedio, la madre le suggerì di non pensarci più. Poi si persero momentaneamente di vista.

Dopo mezz'ora, la figlia rincontrò la madre e tutta eccitata esclamò: "Mamma, non crederai mai a quello che è appena successo!" E cominciò a raccontare che quando era salita al piano superiore l'uomo l'aveva avvicinata con il portafogli in mano, restituendoglielo, e si era scusato per averlo sottratto.

Le disse che mentre era seduto a osservare Amma, a un tratto lei si era voltata verso di lui dicendogli che aveva agito scorrettamente, che avrebbe dovuto resti-tuire il portamonete chiedendo scusa e che non avrebbe dovuto più ripetere una simile azione. L'uomo confessò che questa esperienza aveva completamente cambiato la sua vita e anche l'opinione che la ragazza aveva di Amma era mutata.

Amma ci insegna come costruire salde fondamenta con i valori e le qualità positive per poi coltivare buone abitudini e vivere secondo un sistema di valori che guidi ogni nostra intenzione, decisione e azione. Ciò che otteniamo dalla presenza di Amma dipende solo da noi, dal nostro atteggiamento e dalle nostre azioni.

Ci fu un anno in cui la temperatura all'interno dell'Alexandra Palace, il luogo che ospita il programma di Amma a Londra, era glaciale. Pur avvolta da un caldo scialle di lana, una devota su una sedia a rotelle continuava a tremare dal freddo. Anche la giovane che le era accanto, molto meno coperta di lei, era scossa da brividi di freddo. Sebbene intirizzita, la donna pensava: 'Questa ragazza ha più freddo di me… dovrei prestarle il mio scialle". Infine la compassione ebbe il sopravvento, si tolse lo scialle e avvolse le spalle della giovane. In quel momento, entrambe smisero di rabbrividire.

Rimasero al caldo per tutto il resto della notte. Sentendosi in colpa, ogni venti minuti la ragazza tentava di restituire alla donna lo scialle pensando che stesse soffrendo molto per il freddo, ma non era così.

Dentro di noi abbiamo il potere di cambiare noi stessi e il mondo. Quando decidiamo di compiere delle buone azioni, anche se non ci riusciamo perfettamente, risvegliamo in noi la forza del cambiamento e questo attrarrà certamente la grazia, non c'è dubbio.

Le persone si recano da un Mahatma aspettandosi ogni tipo di miracolo, per sé e per il mondo. Immaginano ad esempio che come dei supereroi essi stendano una rete incantata capace di cambiare ogni cosa. In realtà, Mahatma come Amma *sono* di fatto dei super-eroi! Amma ci inonda incessantemente d'ispirazione affinché seguiamo il sentiero della verità e della rettitudine (*dharma*). Amma non può percorrere il cammino al posto nostro ma ci incoraggia sempre a proseguire nella giusta direzione, avvertendoci quando stiamo per imboccare la strada sbagliata; ci offre una mappa per condurci alla meta finale, la realizzazione di Dio.

Ogni sua parola e azione intende suscitare in noi il desiderio di compiere azioni positive che creeranno del buon *karma* (effetti dovuti ad azioni passate) e neutralizzeranno eventuali sofferenze dovute a scelte sbagliate fatte in passato.

La presenza di Amma ci infonde valori tradizionali che oggi vengono raramente insegnati. Amma ci ispira a fare del bene per realizzare pienamente il nostro potenziale di esseri umani.

Capitolo 10

Seva: l'alchimia dell'Amore

Chiunque osservi un darshan di Amma potrebbe pensare che lei abbia bisogno di molte persone attorno che l'aiutino. In realtà è lei che ci offre l'opportunità di servire, così che *noi* possiamo imparare. È solo per pura grazia che Amma ci permette di servire, affinché sviluppiamo la consapevolezza, non perché necessiti di qualche aiuto. Può fare tutto da sola e perfettamente.

Di tanto in tanto Amma "incrocia le braccia" e non ci consente di servirla, insegnandoci una lezione importante; può allontanare tutti dalla sua stanza, chiudere la porta e decidere di sbrigare personalmente ogni faccenda. Cucinerà, pulirà la camera e laverà i suoi vestiti per alcuni giorni, impiegando pochissimo tempo, molto meno di quello che impiegano gli altri

per svolgere le stesse mansioni. In tal modo ci ricorda che non è lei ad avere bisogno di qualcosa da noi, ma siamo noi a dover imparare molte lezioni preziose.

Amma ci ripete spesso: "Non è ciò che siamo stati capaci di ricevere, bensì quello che siamo riusciti a donare che ci permette di sperimentare la vera bellezza nella vita. Se ci limitiamo a prendere dal mondo, alla fine ci allontaneremo dal nostro vero Sé".

Ho letto la storia di un uomo la cui moglie era morta otto anni prima: aveva attraversato un lungo periodo di depressione che l'aveva quasi portato al suicidio. L'unica cosa positiva che gli era rimasta nella vita era l'attività medica che svolgeva nel suo ambulatorio. Dopo aver visto in televisione così tante catastrofi naturali decise di recarsi in alcune di quelle zone disastrate per offrire il suo aiuto. La scomparsa della moglie e l'età adulta dei figli gli consentivano di fare una tale scelta. Si recò in aree degradate, dove le persone erano prive di strutture sanitarie, e aiutò ad avviare venti ambulatori che in seguito furono in grado di fornire ogni mese cure mediche a oltre 27.000 pazienti. Il medico scoprì che la sua depressione era completamente sparita, si sentiva appagato e la sua vita aveva acquistato un significato. Guidato da questo nuovo entusiasmo per il volontariato, ora quest'uomo viaggia in tutto il mondo offrendo cure mediche dove ce n'è maggiore bisogno.

Molti di noi si sentono oppressi, pieni di rabbia o indifferenti verso la sofferenza del mondo, spesso non sappiamo come affrontarla. Quel dottore si accorse che nell'aiutare gli altri riceveva in cambio, come benedizione, molto più di quello che donava: una vita piena e appagante.

Quando veniamo completamente catturati nella rete dei nostri pensieri, difficilmente ci apriamo ai doni che la vita ci offre a ogni istante. Siamo solitamente così occupati con i nostri problemi da prestare raramente attenzione a quelli degli altri. Milioni di persone in tutto il mondo soffrono di depressione o di un altro tipo di afflizione mentale, dovute all'abbandono della famiglia o degli amici. Solo gli atti di servizio e aiuto compassionevole possono evitarci il tormento della sofferenza mentale.

Un giorno, in tour, uno dei volontari andò da Amma e le confessò che stava attraversando un periodo molto difficile. Le disse che a causa del transito di Saturno nel suo oroscopo soffriva di depressione e non era più interessato a svolgere alcun *seva*. Amma si mise a ridere: "Saturno! Di cosa stai parlando? Hai con te un Satguru! Persino in un deserto di sabbia rovente si può trovare ristoro seduti all'ombra di un albero. Figlio, dovresti sforzarti di fare del seva anche se non ne hai voglia!"

Non incolpiamo il mondo e gli altri per delle nostre difficoltà. Non è sempre possibile avere il giusto atteggiamento ma se nonostante le nostre resistenze cerchiamo di fare del bene perché sappiamo che è la cosa giusta, la grazia fluirà verso di noi. Tutto quello che possiamo fare è dare il massimo.

Un giorno qualcuno scrisse una preghiera del mattino che forse tutti possiamo sentire come nostra: "Signore, fino a questo momento mi sono comportato bene: ho tenuto la bocca chiusa, non ho fatto pettegolezzi, non ho gridato o perso la pazienza. Non sono stato avido, scontroso, cattivo, egoista e non mi sono abbandonato troppo ai piaceri dei sensi. Ne sono molto contento. Ma fra pochi minuti avrò probabilmente bisogno di molto aiuto perché… sto per alzarmi dal letto!"

Pur demotivati, cerchiamo di compiere in ogni istante la giusta azione al momento giusto. Questa è la formula migliore per ottenere successo in ogni ambito e raggiungere la meta finale della realizzazione del Sé.

Amma ci esorta a essere coraggiosi e ci ricorda: "Voi non siete agnellini ma leoncini, con un potenziale interiore infinito ancora inesplorato".

Recentemente l'ho sentita dire a una persona: "Bisogna essere come il leone che quando cammina nella foresta, dopo aver percorso un tratto di strada, si gira e guarda dietro di sé". Mentre parlava, ci mostrava come fare e pareva davvero di vedere una meravigliosa e forte leonessa che si guardava indietro per misurare il cammino compiuto. E poi ha soggiunto: "Persino la tartaruga che procede lentamente lascia una traccia dove passa. Anche noi dobbiamo fare lo stesso nella nostra vita, lasciare nel mondo dei segni di come abbiamo vissuto. Dovremmo lasciare qualcosa che porti beneficio al mondo".

Siamo fortunati ad avere così tante opportunità di poter servire. Fare seva è una delle pratiche spirituali più dolci. La mente è sempre inquieta e tende a trascinarci verso il basso, ma quando serviamo possiamo canalizzare la nostra energia verso azioni positive e correggere i nostri cattivi schemi mentali. Non soffermatevi a pensare se vi piaccia o meno, perché i nostri sentimenti cambieranno continuamente. Ci siamo affezionati a così tante abitudini negative, perché non cercare invece di sostituirle con almeno una positiva?

Anziché condurre un'esistenza mediocre, sforziamoci di coltivare l'altruismo. Non occorre compiere imprese eccezionali, tutti i nostri piccoli atti di gentilezza e altruismo sono sufficienti per costruire qualcosa di veramente grande.

Capitolo 11

Fiume d'Amore

Quando Amma riconosce una situazione di bisogno, è pronta a intervenire in aiuto. Questo è ciò che intende quando dice di percorrere il sentiero *dharmico*, la via della rettitudine: fare la cosa giusta al momento giusto. Dobbiamo essere pronti a individuare il bisogno e offrire le nostre capacità, aiutando con amore e consapevolezza. Non importa quello che facciamo, ciò che più conta è il nostro atteggiamento.

Una donna viveva sulle Alpi svizzere a circa due ore di autobus da Zurigo. Suo marito aveva chiesto il divorzio e l'aveva lasciata da sola ad allevare il loro bambino. Essendo molto povera e non ricevendo nessun sussidio, le era molto difficile sbarcare il lunario. La donna era una fervente cattolica, devota alla Madonna. Le avevano parlato dell'esistenza di santi viventi in India, ma dubitava che avrebbe mai avuto l'opportunità d'incontrarne uno. Un giorno, mentre passava accanto a un ristorante, vide un volantino che annunciava la venuta di Amma a Zurigo. Sentendo un grande desiderio d'incontrarla, cominciò a mettere da parte i soldi per il viaggio. Digiunò per due giorni senza tuttavia privare del cibo suo figlio.

Scese in città e si recò nella sala dove si svolgeva il programma, aspettando di ricevere il darshan. Non parlando inglese e ancora meno la lingua di Amma, si rese conto di non avere modo di confidarle i suoi problemi. Mentre andava avanti nella fila per il darshan cominciò a piangere silenziosamente. Attraverso il velo delle lacrime vide che una signora che aveva avuto il darshan poco prima di lei aveva donato ad Amma dei bracciali d'oro. Quanto avrebbe desiderato poterle offrire qualcosa! Quando fu il suo turno per l'abbraccio, Amma indossava ancora quei bracciali. In silenzio, la donna cadde tra le sue braccia, piangendo e singhiozzando. Amma la guardò con grande compassione e si tolse i bracciali d'oro. Invitò la donna affranta a sederle accanto, le diede i gioielli e voltandosi verso di lei disse: "Mi raccomando, non venderli.

Impegnali, in modo da procurarti del denaro per prenderti cura di tuo figlio. Non preoccuparti, le cose andranno meglio".

Frastornata e piena di meraviglia, la donna ritornò a casa, impegnò i bracciali e in poco tempo, grazie alle benedizioni di Amma, trovò un lavoro. In seguito, riuscì a riscattare i gioielli e a riprendere il controllo delle sue finanze e della sua vita. L'anno seguente, quando Amma tornò, la donna scese in città, si presentò al darshan e consegnò felicemente i bracciali nelle sue mani. Per questa donna, Amma non è solo una santa, è veramente il Divino.

Amma è sempre pronta a servire. Allo stesso modo, anche noi dobbiamo essere pronti a intervenire e ad aiutare amorevolmente in qualsiasi modo.

Ad Amritapuri, una notte, dopo aver dato il darshan per quindici ore di seguito, mentre stava camminando lungo la stradina che l'avrebbe condotta alla sua camera, Amma passò vicino alla mensa. Attraverso un varco che si era creato nella fila dei devoti che l'attendevano lungo il cammino, vide che i lavandini comuni erano molto sporchi e intasati di avanzi di cibo.

Bisognava pulirli ma nessuno se n'era curato. Così Amma si fermò, si fece strada tra i devoti e cominciò a pulire.

Sebbene dovesse essere esausta, era pronta a mostrare con il suo esempio il giusto modo di agire. Amma non dedica tempo a se stessa, è sempre al servizio degli altri, disposta a insegnarci in qualunque situazione.

Mentre stava pulendo i lavandini, improvvisamente comparvero delle persone disposte ad aiutarla, ma lei disse a tutti: "Non rimanete fermi a guardarmi. Mettetevi a pulire gli *altri* lavandini. Tutti vogliono celebrare la *pada puja* (abluzione rituale dei piedi del Guru), ma questa è la *vera* pada puja, la vera adorazione del Guru".

Non tutti hanno l'opportunità di eseguire questo rito, ma è possibile prendersi amorevolmente cura del corpo di Amma con il nostro seva nell'ashram o durante i suoi programmi. Ogni azione disinteressata compiuta con la mente assorbita in lei può diventare sacra come l'abluzione dei Suoi piedi di loto.

Amma risponde all'infelicità del mondo offrendo se stessa ogni giorno, in qualsiasi modo, noncurante della sua salute. Con estrema disponibilità ed entusiasmo va avanti dando sempre il massimo, senza curarsi degli ostacoli, ispirando tutti coloro che la circondano a fare altrettanto.

Quando nel 1983 l'ashram di Amritapuri venne registrato come istituzione caritatevole, Amma disse: "Non mettetemi in gabbia come un pappagallo. Non trasformate questa organizzazione in un'impresa, perché il suo scopo è quello di aiutare la gente, l'umanità sofferente". Sin dal principio e per tutti questi anni Amma è rimasta assolutamente fedele a questo ideale, non è mai scesa a compromessi: vede i bisogni delle persone e interviene.

Embracing The World (Abbracciando il Mondo, N.d.T.) l'organizzazione fondata da Amma, ha costruito oltre cinquanta scuole in India e all'estero, compresa un'università con cinque campus, e gestisce orfanotrofi in India e nel resto del mondo. Amma ha avviato un progetto per arginare il fenomeno del suicidio dei contadini, molto diffuso in diverse parti dell'India; ha distribuito 59.000 pensioni alle vedove e agli anziani e assegnato più di 41.000 borse di studio agli studenti più poveri; ha aperto numerosi ospedali e ambulatori gratuiti che forniscono cure mediche agli indigenti.

Embracing The World è una delle prime organizzazioni a intervenire nelle situazioni di emergenza ovunque esse si presentino. Durante lo tsunami indiano del 2004, Amma ha trasformato il suo ashram di Amritapuri in un rifugio, nutrendo e prendendosi cura delle persone che avevano perso la propria casa.

All'indomani dell'uragano Katrina del 2005, Embracing The World era già sul luogo del disastro. Amma ha stanziato un milione di dollari a favore delle vittime del ciclone. Durante il terremoto e lo tsunami del 2011 in Giappone, Amma ha inviato squadre di soccorso in loco, offrendo cibo e cure mediche in zone in cui nessun altro si era avventurato.

Ha costruito più di 45.000 alloggi per i senzatetto e ha in programma di costruirne altri 100.000: questo significa offrire un'abitazione a quasi un milione di senzatetto. Ha invitato la gente a piantare migliaia di alberi, distribuito cibo a milioni di persone in tutto il mondo e intrapreso numerosi altri progetti caritatevoli.

Amma è un'enorme fonte d'ispirazione per i suoi figli e le sue opere umanitarie sono gestite da migliaia di volontari in tutto il mondo. Quando si recano al darshan in India, persino i più poveri tra i poveri spesso cercano di mettere una rupia nelle mani di Amma. Questo è tutto ciò che possono offrire, ma vogliono anche loro aiutare perché sanno che lei utilizzerà ogni singola rupia per servire gli altri. Amma dice che queste persone sono come degli uccellini che fanno le loro offerte: aggiunte alle altre, diventeranno un grande fiume.

L'altruismo di Amma è davvero di natura divina. Abbraccia una moltitudine di persone, talvolta decine di migliaia, e senza curarsi dei propri bisogni rimane seduta fino a quando anche l'ultima persona non ha ricevuto il darshan.

Non occorre compiere imprese sovrumane, solo Amma è in grado di farlo, tuttavia, se ci sforziamo di agire positivamente e in maniera disinteressata quando se ne presenta l'occasione, potremo uscire dal nostro dolore e progredire verso l'essenza del puro amore. In questo mondo molti vogliono solo prendere. Attraverso il suo mirabile esempio, Amma sta però cercando di insegnarci a essere persone che donano.

Capitolo 12

Colei che porta la pioggia

È facile annunciare il nostro proposito di compiere buone azioni, ma tutti noi sappiamo quanto sia poi difficile metterlo in pratica. Ciò che conta sono l'atteggiamento e l'intenzione che stanno dietro un'azione, non l'azione in sé. Fino a quando manteniamo un'attitudine positiva, Amma sarà accanto a noi per aiutarci a superare le nostre negatività.

Amma ci mostra che, se siamo ben disposti, il mondo diventa un posto magnifico in cui vivere. Ovunque sia, lei vede attraverso il mondo esterno creato dai nostri ego e gioisce della meraviglia del creato.

Una primavera, Amma si recò in Kenya per inaugurare un nuovo orfanotrofio. Mentre l'auto si allontanava dall'aeroporto abbassai il finestrino in modo che lei potesse salutare le persone venute ad accoglierla. Ma il finestrino si bloccò e non riuscii più a chiuderlo.

Ero molto nervosa perché tenevo in mano i nostri passaporti e stavamo per attraversare dei quartieri pericolosi in cui c'era il rischio di essere aggrediti o derubati attraverso il finestrino aperto. Mentre armeggiavo con il pulsante del finestrino, Amma mi disse: "Grande problema!" Ma quando l'autista, desolato, cominciò a scusarsi, Amma lo rassicurò immediatamente, dichiarando che andava tutto bene e che *amava* molto la brezza.

Dentro di me risi nel vedere quanto rapidamente avesse cambiato idea e a qual punto sapesse facilmente adattarsi a qualsiasi circostanza. Dovremmo essere così anche noi: se non è possibile migliorare una situazione, dovremmo accettarla ed essere pronti a mutare il nostro atteggiamento.

Un tardo pomeriggio Amma si stava dirigendo verso il palco per cantare i bhajan, seguita da una bambina di tre anni che le correva dietro. Amma la chiamava "Kuruvì". Inizialmente, quando udii questo nome, pensai che la bimba si chiamasse così. L'indomani, mentre ci dirigevamo verso il palco per i bhajan e stavamo salendo la rampa, Amma ripeté ancora questa parola: "Kuruvì, Kuruvì", ma ora il richiamo era rivolto ad altri due bambini.

'Un attimo', pensai, 'non è possibile che tutti questi bimbi si chiamino Kuruvì'. Scoprii allora che *kuruvì* significa uccellino, passerotto. Amma vede ogni persona come questi uccellini che saltellano gioiosi attorno a lei.

Attraverso il nostro atteggiamento mentale e modo di vedere il mondo creiamo la nostra propria realtà. Per Amma, che vede ciò che c'è di meglio in ogni cosa e cerca di condividere con noi questa sua visione, noi siamo i suoi piccoli kuruvì, i suoi passerotti, che nutre con amore puro e saggezza divina.

Ovunque andiamo, al termine di un programma le persone esclamano spesso: "Questo programma è stato il migliore di tutti!" È sorprendente sentire un simile commento! Potremmo allora pensare: "Com'è possibile che ogni programma sia sempre il migliore?" Ma Amma ha l'incredibile capacità di far emergere il meglio di ogni cosa.

Ogni anno, quando arriviamo nel Nuovo Messico, Amma porta la tanto sospirata pioggia e così ha acquisito la fama di "Colei che porta la pioggia". Nei paesi freddi porta il sole. Ovunque vada, ispira bontà e benedizioni.

Recentemente, mentre eravamo a San Ramon, ci fu una giornata particolarmente calda e per molto tempo mancò la corrente. Pensavo che questo avrebbe creato molto disagio tra i presenti. Persino nel nostro ashram in India il black-out non dura che qualche istante e dopo circa dieci secondi la corrente ritorna, ma a San Ramon l'interruzione si protrasse per diverse ore.

Ciò nonostante, il programma proseguiva. Durante i bhajan il palco era illuminato da una sola luce, alimentata da un piccolo generatore. Tutto il resto della sala era al buio: in questa confusione non era molto facile far accomodare le persone.

La figura di Amma spiccava delicatamente nella penombra del palco. Alcuni avevano la batteria del cellulare scarica e non potevano quindi usarlo: non gli restava altra scelta che concentrarsi sulla luce e sulla devozione divina che Amma irradiava. I presenti sentivano che il buio costringeva la loro mente a diventare più quieta; così facendo, potevano concentrarsi sui bhajan e la gioia che provavano era più intensa del solito. Ognuno di loro, grato per questa esperienza, esclamò ancora una volta: "Questo programma è stato il migliore di tutti!"

Non abbiamo il controllo di quello che la vita ci porterà, ma se sviluppiamo un atteggiamento di accettazione ci sarà più facile invocare la grazia di Dio; in tal modo, ovunque siamo, potremo godere delle benedizioni della vita, anche attraverso le difficoltà.

Mentre eravamo in Australia, un uomo si presentò al programma della sera indossando degli occhiali scuri. Pensai che portare degli occhiali da sole di notte era un po' eccentrico, ma poi mi capitò di ascoltare quello che questo signore stava raccontando: diceva che era stato cieco per quindici anni, che aveva subito un intervento agli occhi il giorno prima e che ora aveva riacquistato la vista.

Sentiva che era stata la grazia di Amma a consentirgli di vedere di nuovo e aveva esclamato che *questo mondo era davvero bellissimo!* Aveva dichiarato che sarebbe stato meraviglioso per lui scorgere la bellezza in ogni cosa.

Amma ci ricorda che è il nostro atteggiamento a fare la differenza. Dice che Dio non è parziale con nessuno: è l'atteggiamento positivo dietro le nostre azioni a manifestarsi nella nostra vita come grazia di Dio.

Amma può risparmiarci una certa dose di sofferenza ma per poter giungere allo stato finale, alla libertà, occorre che la nostra mente e le nostre intenzioni siano completamente pure.

Dovremmo capire che quello che ci accade non ha lo scopo di punirci ma di risvegliarci. Con infinita saggezza e compassione, il Divino sta solo cercando di indirizzarci nella giusta direzione affinché possiamo un giorno sperimentare coscientemente e pienamente la Verità, invece di vivere la vita trascinando il nostro fardello di dolore. Alcuni pensano che Dio sia crudele perché ha creato un mondo pieno di sofferenza, ma altri accettano la loro sorte e cercano di fare del loro meglio nella vita.

Affrontare la vita positivamente è l'unica via per sfuggire al ciclo del karma e acquisire così una prospettiva diversa delle cose. Se riusciamo a imparare dalle nostre difficoltà e dai nostri errori, il Divino non ci riproporrà più la stessa lezione e potremo passare all'insegnamento successivo. C'è sempre qualcosa di nuovo da imparare!

Amma ha sottolineato più volte che "Dobbiamo saper affrontare qualsiasi cosa". È necessario che impariamo il più possibile da quello che si presenta davanti a noi, sforzandoci di farlo con un sorriso sul volto. Farlo senza amore equivale a tagliare un'erbaccia senza estirparne la radice; rimanendo nel terreno, essa darà origine a una nuova pianta. Potranno nascere paure o desideri ma, se accettiamo coraggiosamente gli eventi della vita, saremo in grado di eliminare alla radice le vecchie abitudini e le tendenze negative che ripetutamente affiorano.

Se manteniamo un atteggiamento positivo in ogni nostra azione, la nostra vita sarà sicuramente benedetta.

Capitolo 13

Dall'erba al latte

Amma vede il bene in ogni cosa. In tutte le situazioni, dà prova di grande umiltà, di abbandono di sé e di accettazione. Amma dice: "Pensiamo che l'erba non sia così importante ma, quando la mucca la mangia, essa si trasforma infine nel latte che ci nutre. *Ogni cosa*, quindi, ha davvero la sua importanza". Amma vede tutto in maniera equanime e amorevole.

Una volta, durante una lunga sosta all'aeroporto di Francoforte, accompagnai Amma in una sala d'attesa. La maggior parte delle sedie erano occupate e gli unici posti liberi erano accanto a degli uomini che bevevano birra. Mi dissi che non sembravano troppo chiassosi, non come i bevitori di birra australiani. Speravo che se ne andassero subito dopo aver svuotato il loro bicchiere, ma sottovalutai completamente la capacità di resistenza dei bevitori di birra tedeschi: rimasero per tutta la durata della nostra attesa.

Mi sentivo molto a disagio per essere riuscita a offrire ad Amma solo quel posto accanto a degli uomini col loro linguaggio da bevitori di birra ma lei non sembrava preoccuparsene, sedeva lì tranquillamente. Amma si sente a casa sua in qualsiasi luogo e situazione. Anziché prestare attenzione a questi uomini, guardava fuori dalla finestra e ammirava la neve. Mi diceva che la neve le ricordava la schiuma delle onde dell'oceano ad Amritapuri. Mi raccontava che da bambina amava sedersi sulla riva e che in alcuni mesi dell'anno la schiuma delle onde aveva lo stesso aspetto di quella neve. Amma era felicissima di contemplare la neve che le ricordava l'amato oceano. Questo mi fece capire che, ovunque si trovi, Amma vede sempre il lato positivo in ogni cosa e ricorda la sua natura, l'amore.

Una coppia si trasferì in un nuovo quartiere. Il primo giorno, mentre faceva colazione, la giovane sposa vide la sua vicina stendere il bucato all'aperto.

"Quella biancheria non è molto pulita" disse. "Quella donna non sa lavare bene, forse dovrebbe cambiare detersivo!" Suo marito guardò fuori ma non disse nulla. Ogni volta che la vicina stendeva i panni, la giovane faceva simili commenti.

Circa un mese dopo, sorpresa nel vedere che la biancheria della vicina era pulita, tutta eccitata si rivolse al marito esclamando: "Giorgio, *guarda*! *Finalmente* ha imparato a lavare come si deve! Caspita, era ora! Mi chiedo chi glielo abbia insegnato!"

Il marito rispose dolcemente: "Tesoro, mi sono alzato presto stamattina e ho pulito i vetri delle nostre finestre". Spesso accusiamo gli altri di fare degli errori quando invece i problemi nascono da una nostra visione limitata delle cose.

Una volta ho letto un articolo dalla Germania che raccontava di un anziano che si era stancato di continuare ad ascoltare sempre la stessa musica. Aveva deciso quindi di chiamare la polizia per sporgere un reclamo. Furioso che i suoi vicini mettessero della musica a ogni ora del giorno e della notte, l'uomo era convinto che lo facessero per infastidirlo. Dopo aver indagato, gli agenti scoprirono che il vero colpevole era un cartoncino d'auguri musicale che si trovava proprio sul davanzale della finestra di quel signore.

Quando c'era una folata di vento, il cartoncino si apriva e la musica iniziava. Le cose non sono mai come pensiamo che siano.

Quando abbiamo dei problemi ne attribuiamo spesso la causa a situazioni esterne; in verità, è il nostro atteggiamento interiore a determinare la nostra realtà. Il mondo in cui viviamo è una nostra creazione ed è difficile per noi uscirne. Tutti noi vediamo il mondo in maniera diversa.

È per questo che abbiamo bisogno di un aiuto supplementare, l'aiuto di un Maestro perfetto. La sua grazia è *assolutamente necessaria* per liberarci dalla nostra concezione distorta del mondo, in modo da poter accettare la creazione divina e abbandonarci ad essa.

Alla presenza di Amma, scorgere il bene che ci circonda diventa più facile. Un giorno, mentre stavamo tornando entusiasti all'ashram dopo un'assenza di diversi mesi, Amma esclamò: "Lì c'è tutto, non manca nulla!" Tutti noi cominciammo a elencare le cose meravigliose che c'erano ad Amritapuri. Amma disse: "È come se ogni giorno ci fosse una festa". Swamiji proseguì: "Davvero, si celebrano sempre delle puje". Anche il conducente intervenne:

"È proprio così, nell'ashram si tengono molte lezioni interessanti". E io aggiunsi: "Abbiamo anche la pizza e il gelato!". "E il nostro gelato non contiene aria, mentre in quello industriale, in vendita fuori dall'ashram, viene immessa dell'aria. La quantità effettiva di gelato che si mangia, quindi, è soltanto la metà del volume totale, il resto è aria", continuò Amma. "Solo da noi è possibile gustare del gelato genuino e artigianale, prodotto con devozione e recitando dei mantra!", esclamò con entusiasmo Amma. "Sì, è proprio così! Abbiamo anche una piscina e poi c'è il darshan di Amma!" Eravamo tutti elettrizzati, ci sembrava di tornare in un luogo celestiale, nel paradiso sulla terra. Siamo davvero molto fortunati!

La visione di Amma ispira il nostro modo di vedere le cose. La perfetta consapevolezza permette all'amore di fluire attorno a noi, così come accade con Amma, ovunque vada. Eppure noi ci fermiamo all'apparenza, vediamo solo ciò che vogliamo vedere e giudichiamo tutto attraverso la nostra visione limitata. Fino a quando siamo intrappolati nelle nostre creazioni mentali, ci è difficile collegarci alla nostra vera essenza, alla base del nostro essere che è amore. Amma, invece, riesce a scavare sotto la superficie e a vedere la verità, la bellezza e l'amore che risiedono in ogni cosa. Con lo sforzo e con la grazia, un giorno potremo vedere ogni cosa nella vita in modo puro, come lei.

Capitolo 14

Inchinarsi dinanzi a tutta la creazione

Lo scopo di ogni essere umano è trovare la pace e la gioia. Qualsiasi nostra azione, in realtà, la compiamo con questa intenzione. Se vogliamo che la pace regni nel mondo esterno, dobbiamo prima trovarla dentro di noi.

Tutto quello che Amma fa ha lo scopo di calmare la nostra mente, continuamente assalita da dubbi, e di infonderci l'ottimismo necessario per aprirci alla grazia. Amma sa quanto poco crediamo in noi stessi e quindi ci guida, ci benedice, ci aiuta a regolare le vele in modo da navigare attraverso le peggiori tempeste.

Un'insegnante americana desiderava ardentemente unirsi allo staff che viaggia con Amma durante il suo tour autunnale, voleva trascorrere questi momenti speciali con Amma. Prenotò il biglietto e fece tutti i preparativi ma alla fine si ammalò e dovette annullare il viaggio. Era molto delusa. Pregava e sperava che Amma la guarisse in tempo per poter prendere l'aereo. Tuttavia questo non accadde. Poiché aveva fiducia in Amma, la donna si sforzava, nonostante la delusione, di accettare la situazione ma non riusciva a comprendere perché fosse accaduto quell'imprevisto. Poi ricevette una e-mail in cui la informavano che uno dei suoi allievi era stato assassinato e che il funerale si sarebbe tenuto l'indomani.

Al funerale l'insegnante incontrò molti dei suoi ex studenti, senza i loro genitori. Pianse con loro e li confortò. Sentiva il flusso della compassione di Amma scorrere attraverso di lei mentre abbracciava gli adolescenti affranti. Capì allora che gli eventi che l'avevano condotta ad annullare la partenza erano un'espressione della grazia di Amma, in modo che potesse stare con questi giovani nel giorno in cui avevano bisogno di lei.

Il suo cuore era con Amma, ma le sue mani erano impegnate nel servizio: questo era ciò che desiderava Amma, la donna non aveva dubbi. Le vie di Amma sono misteriose. A volte vogliamo servirla solo come piace a noi, ma Dio può avere altri programmi.

Dio ci ha messi dove dobbiamo essere nel mondo. Niente di ciò che accade è mai un errore. La nostra sfida è accettare di buon grado i disegni di Dio su di noi. Questo è il significato letterale di *"Sia fatta la Tua Volontà"*: saper accettare totalmente ciò che ci accade, capendo che forse fa parte del disegno del Maestro Divino. Ovunque ci troviamo, è perché dobbiamo imparare qualcosa, così dovremmo cercare di accettare ogni situazione.

La vita non va mai secondo le nostre previsioni, ancora meno la vita spirituale! Le difficoltà che dobbiamo affrontare possono essere tante, ma Amma ci ricorda sempre che l'acciaio migliore e più resistente è quello temprato nella fornace più calda. Tutti sappiamo però quanto possa essere difficile accettare la volontà divina e abbandonarsi ad essa.

Ho spesso l'occasione di coltivare l'accettazione nei momenti in cui, seduta dietro ad Amma, devo badare ai bambini. Talvolta mi è capitato di pensare che dovremmo davvero chiedere un compenso per questo servizio, dato che Amma è la migliore babysitter del mondo!

Ho detto più volte che questo è l'unico luogo al mondo in cui in un programma ufficiale i bambini possono gattonare per tutto il palco ridendo, parlando, piangendo o litigando mentre si sta cercando di tenere un discorso o di intonare dei canti. Con i più vivaci sono arrivata al punto di tirare loro le orecchie per farli star calmi!

Ma una notte, mentre sedevo con questi bambini, ho compreso la ragione per cui Amma mi sta dando questa opportunità: in realtà, non sono io a fare un favore ai bambini prendendomene cura, sono loro che mi stanno aiutando a risvegliare qualcosa in me. Amma sta cercando di risvegliare in me il senso materno universale che è presente in tutti, non solo nelle donne che hanno dei figli. Si tratta dunque di un regalo che mi fa affinché questo accada.

Amma ha un rapporto personale con ciascuno, è il catalizzatore di tutto ciò di cui abbiamo bisogno nella vita. Questo accade spontaneamente quando si entra in contatto con un Mahatma. Se ci affidiamo a lei, ci condurrà a uno stato di perfezione. Ciò che si presenta davanti a noi è solo per il nostro bene, coltiviamo l'umiltà di accettare ogni cosa nella vita come un dono e il nostro viaggio sarà meraviglioso. Se abbiamo gli occhi innocenti di un bambino e accettiamo ogni cosa vedendola come un'opportunità di crescita, il viaggio della vita sarà per noi un'esperienza meravigliosa.

Un giorno, mentre mi stavo imbarcando su un volo con Amma, diedi la mia carta d'imbarco allo steward che allegramente mi chiese: "Mi dica, qual è il suo colore preferito?" Devo ammettere che rimasi un po' irritata per questa domanda così stupida ma lui sembrava così entusiasta e, inoltre, *aveva in mano* la mia carta d'imbarco.

Riflettei per un secondo su quale fosse la reazione giusta, stavo per dargli una risposta sarcastica… quando decisi di accettare la situazione e di renderlo felice. Risposi quindi: "L'arancione!"

"Sì!", esclamò, "Questa è la risposta giusta!" Tutto contento che avessi risposto come si aspettava, mi lasciò passare. A dire la verità, mentii… solo per farlo felice, dicendogli ciò che voleva sentirsi dire. *Non penserete sul serio che l'arancione sia il mio colore preferito, vero?*

Quando riusciamo ad accettare e ad accogliere, siamo felici e rendiamo felici gli altri. Solo allora il Divino può dimorare in noi. Amma dice che quando ci inchiniamo, non ci prostriamo di fronte ad altre persone ma davanti all'intera creazione.

Le sfide della vita non ci vengono date per distruggerci ma per permetterci di scoprire il potenziale che giace, inutilizzato, in noi. Sapremo trarre maggiori lezioni dalle difficoltà se le consideriamo come prove e occasioni di crescita, destinate a rafforzare e a purificare la nostra mente.

Quali che siano i problemi che si presentano nella nostra vita, sforziamoci di rimanere equanimi e di comportarci come il loto che cresce, alto e forte, nel fango e nella sporcizia. Ci vengono offerti insegnamenti preziosi in forme diverse: quando impariamo ad accettarli, la bellezza che si cela dietro tutte le circostanze della vita si rivela a noi.

Capitolo 15

Il perfetto abbandono

Amma dice che i Mahatma *possono* cambiare il corso del nostro destino ma che, se lo facessero, noi perderemmo l'occasione di imparare, attraverso le esperienze che dobbiamo affrontare, le lezioni che ci sono necessarie. I Mahatma come Amma si sono completamente arresi alla volontà di Dio e vedono che ogni cosa è esattamente al suo posto, che il nostro destino si sta compiendo come deve. Andare contro il volere di Dio non è il modo di operare di Amma: se dobbiamo passare attraverso delle avversità c'è una ragione e, in effetti, tutte le nostre esperienze hanno lo scopo di aiutarci a crescere.

Se Amma rimuovesse tutto quello che ci è destinato, potremmo retrocedere nel cammino e ripetere gli stessi errori. Cerchiamo quindi di assimilare l'essenza degli insegnamenti contenuti

nelle esperienze difficili della vita che per volere divino sono proprio per noi.

Ho letto la storia meravigliosa di una neuro-scienziata la cui vita è completamente cambiata dopo essere stata colpita da un ictus. Un giorno, un capillare del suo emisfero cerebrale sinistro si ruppe improvvisamente provocando un este-so coagulo. In quel momento, la donna rimase consapevole di quello che stava accadendo.

Il campo di studio della scienziata era il fun-zionamento del cervello. Pur nella sofferenza, ebbe modo di distaccarsi e di osservare dall'e-sterno l'esperienza che stava vivendo. Poteva vedere se stessa e i sintomi causati dal male che l'aveva colpita: dolore atroce, emicranie, perdita di sensibilità alle braccia. Al tempo stesso, la sua preparazione professionale e la sua consapevolez-za le consentivano di osservare le sue funzioni cerebrali.

Quando la sua consapevolezza passò dall'e-misfero cerebrale destro a quello sinistro, la donna visse un'esperienza extracorporea, tra-scendendo completamente lo stato di coscienza ordinario. Poté così vedere e sentire la meravi-glia dell'universo, un'esperienza possibile solo quando si riesce ad andare oltre i limiti del corpo e della mente.

Generalmente siamo soliti innalzare una barriera e pensare: 'Questo sono io e tutto il resto è *diverso* da me'. Nel momento in cui la donna seppe superare questa visione limitata, divenne uno col tutto: visse un'avventura meravigliosa e riuscì a cogliere la bellezza e la struttura di ogni atomo del cosmo. Poté comunque ritornare nel corpo e avvertire i sintomi provocati dal colpo apoplettico pur conservando la capacità di distaccarsene.

Questo ictus è stato un grande, straordinario e positivo evento nella vita di questa persona. Per qualche tempo la donna è riuscita a spingersi oltre il suo piccolo 'sé' con i suoi problemi e a sperimentare la meravigliosa bellezza di un 'Sé' più vasto. In tal modo, ha acquisito la conoscenza diretta di cosa signifíchi divenire tutt'uno con l'universo. Per lei è stato sorprendente vivere tutto questo mentre veniva colpita dal male.

Tale situazione ha cambiato completamente la sua vita e le ha fatto capire le possibilità che tutti noi abbiamo. La donna è una scienziata, non una persona spirituale, ma l'importante non è essere spirituali o meno, perché il cammino che porta a comprendere il senso della vita è aperto a tutti.

Abbiamo trascorso la maggior parte della nostra esistenza senza vera consapevolezza e ci siamo abituati a vivere in questo modo. La maggioranza delle persone vive ciecamente e ignora il vero potenziale di quello che si può raggiungere con questa nascita umana.

Amma ci ricorda che tutti noi abbiamo la capacità di arrivare al culmine dell'esistenza umana schiudendo il bocciolo del nostro cuore.

Non è inopportuno chiedere aiuto ad Amma, pregare per qualcosa che desideriamo o di cui abbiamo bisogno o perché venga rettificata una situazione che riteniamo ingiusta. Preghiamo pure che si realizzi un nostro desiderio, ma alla fine dovremo arrivare a distaccarcene: finché restiamo aggrappati alle immagini mentali che abbiamo creato, non potremo sperimentare il mondo per quello che è veramente.

Amma ha così tanta compassione per i dolori che affliggono il mondo che, pur non rimuovendo *completamente* la sofferenza, ci dona sempre, con i suoi pensieri, le sue parole e le sue azioni, il massimo sostegno. In tal modo diventeremo abbastanza forti da affrontare ciò che si presenta davanti a noi.

Una devota svizzera ha condiviso con me una storia che dimostra proprio questa verità.

"Dieci anni fa", mi disse, "mi diagnosticarono una massa tumorale alla schiena; quando crebbe, chiesi alla Madre che cosa dovevo fare e lei mi consigliò di consultare un medico. Quando mi recai da lui, il dottore mi disse che avrei dovuto rimuovere il tumore chirurgicamente perché era potenzialmente maligno.

Non avevo veramente paura, in effetti mi chiedevo se avessi realmente un tumore e sentivo che Amma mi stava proteggendo. Confidavo in lei e avevo la ferma certezza che, comunque fossero andate le cose, sarebbe stato per il mio bene.

Programmai l'intervento chirurgico subito dopo il tour europeo di Amma in modo da poter ricevere la sua benedizione. Quando la Madre venne in Svizzera le spiegai ogni cosa e lei fu molto affettuosa e tenera con me: accarezzò il punto della schiena dove si trovava il tumore e chiese a mio marito come ci saremmo organizzati per la cura dei nostri due figli. Amma è la migliore Madre del mondo e la migliore amica che io abbia mai avuto.

Pochi giorni prima dell'intervento mi recai a Monaco per ricevere il suo darshan. Amma mi guardò profondamente negli occhi, mi chiese il mio numero di telefono e mi domandò se poteva chiamarmi al termine dell'intervento per sapere l'esito. Ero talmente sopraffatta dalla sua compassione e premura nei miei riguardi che gli occhi mi si riempirono di lacrime. Subito dopo l'operazione il chirurgo chiamò mio marito dicendo che era andato tutto bene ma che, poiché il tumore aveva invaso i muscoli circostanti, era molto probabile che fosse maligno.

Quando appresi che poteva trattarsi di un cancro, rimasi scioccata. Dentro di me discutevo con la Madre: "Perché devo affrontare tutto questo? Cosa accadrà ai miei bambini se muoio? Perché mi hai abbandonata?"

Avvertii che Amma era ora presente nella mia stanza, sentii che si sedeva sul letto accanto a me, il suo amore e la sua pace mi sommergevano. Mi arresi infine all'eventualità che fosse un cancro, ricordandomi che ogni cosa accade solo per il nostro bene.

Dopo una settimana ricevemmo i risultati. Il medico entrò nella mia camera, sembrava un po' confuso. Disse che il referto del test era sorprendente: il tumore era benigno, eppure lui non ne era convinto e voleva ripetere l'esame. Mi limitai a sorridere e sentii che la Madre era seduta al mio fianco. L'esito del secondo test confermò il primo: non c'era nessun cancro. Ebbi così il permesso di tornare a casa.

Quando ringraziai Amma per avermi salvato la vita, lei rispose umilmente: "È stata la grazia di Dio a cambiare la natura del tumore".

Dobbiamo essere forti per affrontare tutto ciò che ci appare davanti, consapevoli che le sfide nella nostra vita non sono altro che una benedizione velata. Esse hanno lo scopo di aiutarci a crescere; se ce ne ricordiamo, il nostro viaggio sarà più facile. In genere resistiamo a tutto quello che ci accade, crediamo che sia ingiusto o sbagliato oppure che sia colpa di qualcun altro!

Se resistiamo a tutto potremmo soltanto soffrire. Dio non ci dà il dolore per punirci: il dolore appare perché possiamo aprire il nostro cuore e capire chi siamo veramente. Se impariamo ad accettare, anche noi allora potremo un giorno incarnare il perfetto abbandono che Amma impersona e che ci attrae così tanto. Lei accoglie il flusso della vita e tutte le sue complessità. È questa accettazione che consente alla grazia Divina di irrompere.

Capitolo 16

Il flusso della grazia

Nei momenti più difficili la grazia ci aiuterà, è il valore aggiunto che dona dolcezza alla vita e ci permette di superare *ogni* difficoltà. L'ottimismo è ciò che consente alla grazia di penetrare in noi.

Il prezioso flusso di grazia che scorre da un Mahatma vivente può davvero cambiare la nostra vita. La grazia di Amma si riversa continuamente su ognuno di noi, lei ama tutti allo stesso modo ma, mentre alcuni aprono il proprio cuore e si sintonizzano sulla giusta frequenza, altri costruiscono una barriera che fa loro da schermo. Ovunque vi troviate, sappiate che Amma è al di là della dimensione spazio-tempo che regola l'universo. La sua grazia può raggiungervi ovunque.

Saremo sempre toccati dalla grazia di Dio se conduciamo una vita di devozione. Amma ci ha apertamente assicurato che ascolta le nostre preghiere più sincere. Possiamo stabilire un filo diretto e rivolgerle direttamente le nostre invocazioni perché questa linea telefonica non è mai occupata. Questo sistema di comunicazione universale è inoltre completamente gratuito.

La storia che segue illustra meravigliosamente il fiorire della grazia. Una giovane neodiplomata si recò da Amma e le chiese quale strada intraprendere nella vita. Amma le consigliò di venire a studiare medicina in India, nella Facoltà di Medicina situata presso l'ospedale AIMS. La ragazza rimase molto sorpresa: non era un'allieva particolarmente brillante e, per di più, soffriva di una malattia agli occhi che le rendeva la lettura estremamente difficile. Ben consapevole di quanto impegno richiedesse lo studio della medicina, non riusciva a immaginare come avrebbe potuto farcela. Ma siccome Amma insisteva affinché provasse, decise di affidarsi completamente, accettò e si iscrisse alla Facoltà di Medicina dell'AIMS sostenuta solo dalla sua fede.

Molte delle persone che conoscevano questa ragazza dubitavano che sarebbe stata in grado di portare a termine quei lunghi anni di studi così complessi. Tuttavia superò tutti gli esami.

Durante gli esami finali, il primo della classe, lo studente che otteneva abitualmente i voti più alti e che tutti *pensavano* sarebbe stato il migliore, non superò le prove, mentre, contrariamente a ogni aspettativa, *questa* giovane che aveva problemi alla vista ottenne un voto molto alto classificandosi tra i primi cinque del suo corso.

Rimasi sbalordita quando ci raccontò che in quella classe di trenta alunni, i sei studenti devoti di Amma si erano classificati fra i primi sei e avevano ricevuto le congratulazioni degli esaminatori. La devota che aveva raccolto il maggior numero di assenze per via dei suoi viaggi con Amma ricevette il massimo punteggio e la lode.

Con questo esempio non voglio dire che se diventate devoti di Amma non dovreste più studiare, ma che dovete prendere coscienza dell'immenso e prodigioso potere della grazia che si manifesterà nella nostra vita se le permettiamo di operare in noi.

All'inizio è importante compiere gli sforzi necessari perché altrimenti la grazia di Dio difficilmente scenderà su di noi. Dopo aver fatto del nostro meglio è necessario affidarci alla grazia in modo che possa guidarci. Quando ci abbandoniamo e sintonizziamo la nostra mente su Amma, la grazia si manifesterà spontaneamente.

Per poterla ricevere, lo sforzo è essenziale. Amma fa un esempio: se dobbiamo guidare sulle strade di montagna, controlleremo certamente prima il motore e i freni dell'auto per assicurarci che funzionino correttamente. Faremo il pieno del carburante, verificheremo il livello dell'olio e dell'acqua e puliremo il parabrezza. Dopo aver compiuto tutte queste operazioni, certi che tutto è in ordine, dovremo affidarci alla grazia di Dio.

Il figlio adolescente di una devota californiana era affetto da una malattia molto rara che aveva arrestato il suo sviluppo mentale allo stadio infantile. Giorno dopo giorno, anno dopo anno, il ragazzo trascorreva il suo tempo sul divano con la madre, mentre lei cercava invano di insegnargli a leggere. Quando il figlio ebbe quindici anni, la donna cominciò a dubitare che egli potesse mai imparare.

Disperata, si rivolse infine ad Amma, implorando il suo aiuto. Amma le disse di portarle un bastoncino di legno di sandalo da benedire. La donna seguì questa indicazione e si recò al darshan con il figlio. Il ragazzo le prese il bastoncino dalle mani e lo consegnò personalmente ad Amma, fissandola profondamente negli occhi. La madre fu molto sorpresa da questo comportamento perché egli non amava guardare direttamente le persone. Anche Amma restituì il suo sguardo e gli ridiede il bastoncino dopo averlo benedetto.

Il giovane applicò sulla fronte la pasta di sandalo ogni giorno e, incredibilmente, imparò a leggere.

Due anni dopo la madre mi disse che ormai, oltre a leggere libri di cinquecento pagine presi in prestito dalla biblioteca, il ragazzo leggeva il giornale, esaminava ogni singolo articolo e scriveva ai governatori degli stati chiedendo la grazia per i condannati a morte. Ogni lettera inviata da questo giovane testimonia il suo impegno a favore della pace e della giustizia. La madre dice che suo figlio è più informato di lei sulla politica.

Anche se avrà sempre un deficit intellettivo, adesso questo ragazzo ha un cuore d'oro, frutto delle benedizioni di Amma, e ha capito qual è il giusto cammino da seguire.

Siamo veramente fortunati ad avere la luce di una grande anima come Amma, che ci guida e illumina di speranza la nostra via, mostrandoci come camminare sicuri in questo mondo folle e in questi tempi difficili. Non dovremmo mai perdere la speranza, anche quando siamo convinti che tutto il mondo si stia schierando contro di noi. Cerchiamo in ogni modo di essere degni della straordinaria grazia del Guru: compiamo il giusto sforzo e coltiviamo il corretto atteggiamento mentale.

Capitolo 17

La guida dei nostri passi

Amma ci dimostra in tutti i modi di essere sempre accanto a noi, la sua cura e protezione sono infinite. Ovunque siamo nel mondo lei veglia su di noi con un Amore divino che non ci abbandonerà mai.

In Australia una donna venne da me, desiderosa di raccontarmi una storia abbastanza incredibile: durante l'ultima visita di Amma aveva voluto comprare per la figlia una sorta di amuleto, qualcosa che la proteggesse nel suo imminente viaggio in Sud America. Aveva deciso di acquistarle una cavigliera di rudraksha indossata da Amma.

Durante i suoi spostamenti, la ragazza purtroppo si ammalò gravemente in un piccolo villaggio. Non capiva la lingua locale e non aveva

nessuno che la potesse aiutare. Vedendo che era malata, una delle donne del posto le si avvicinò e notando la cavigliera, la indicò con un dito e disse: "Amma?". Sebbene non parlassero la stessa lingua, le due donne trovarono una parola capace di creare tra loro un legame universale.

La donna portò la giovane a casa sua e la ragazza fu molto felice nel vedere una foto di Amma su una parete di quella piccola casa. Quella persona aveva incontrato e ricevuto il darshan di Amma in uno dei suoi programmi in Cile. Aveva acquistato una foto raffigurante i piedi di Amma e l'aveva appesa alla parete.

La ragazza, accudita fino alla completa guarigione, telefonò più tardi alla madre raccontandole questa storia e dicendole che Amma le aveva veramente salvato la vita e l'aveva amorevolmente protetta nel momento del bisogno.

Abbiamo con noi il Maestro illuminato più grande e compassionevole mai vissuto sulla Terra che, nel mezzo del deserto della vita, ci offre la protezione e la brezza ristoratrice della sua grazia. Anche quando i tempi e le situazioni appaiono difficili, lei ci protegge. Forse dovremo passare attraverso alcune esperienze dolorose, può darsi che questo faccia parte del nostro destino, ma Amma offre a chiunque la frescura della sua ombra. Lei ci sarà sempre, ce l'ha promesso.

Una devota ci ha raccontato questa sua esperienza con Amma: "Nella tarda primavera del 2007 mi stavo preparando per recarmi al darshan di Amma a Puyallup, vicino a Seattle.

Quel giorno ero euforica perché il mio migliore amico mi aveva chiamata dicendomi che voleva venire al programma con me. Fino ad allora non era mai stato interessato a incontrare Amma: per anni l'avevo invitato, a volte persino implorato, ma aveva sempre opposto resistenza. L'anno prima, a sua insaputa, avevo portato una sua foto ad Amma chiedendole di benedirla. Immediatamente dopo, egli aveva cambiato idea e aveva deciso di conoscerla. Questo è stato il primo piccolo miracolo.

Mi stavo quindi vestendo ed ero molto felice di andare per la prima volta al programma con lui. Mentre viaggiavo in autostrada verso la casa del mio amico, mi sentivo colma di gioia e di gratitudine. Ero sommersa da ondate di beatitudine e le lacrime mi rigavano il volto.

Dovevo sforzarmi per riuscire a concentrarmi sulla strada.

Dopo averlo raggiunto, proseguimmo insieme per Puyallup. Guidavo sulla corsia di sorpasso, impaziente di arrivare al programma. Improvvisamente il motore dell'auto si fermò e vidi la lancetta del contachilometri scendere rapidamente. Il volante e i freni non rispondevano più, tutto era completamente spento. Quel giorno c'era molto traffico, ma in qualche modo la macchina riuscì ad attraversare senza incidenti tutte e quattro le corsie fermandosi in quella di emergenza. Non so spiegarmi come un'auto che non dava più alcun segnale di vita, completamente spenta, potesse avanzare in quel traffico... eppure ci riuscì. Quel giorno la grazia miracolosa di Amma ci ha salvato la vita.

Una volta ripreso fiato e superato lo shock, mentre cercavo di riavviare la macchina, sentii un tremendo rumore provenire dal motore. Usciti dall'auto, aprimmo il cofano: il motore si era incendiato. Sebbene il fuoco si fosse già spento, il motore era ancora fumante e la maggior parte del cofano era bruciata.

Che fare? Eravamo bloccati sull'autostrada con un veicolo inutilizzabile. Il servizio assistenza che avevamo chiamato rimorchiò l'auto fino alla casa del mio amico. Lui pensava che questo potesse essere un segno che non dovevamo andare da Amma quel giorno, ma io non volli ascoltarlo. Gli risposi che dovevamo semplicemente proseguire con la sua macchina e che non potevano non andare.

Pur arrivando tardi nella sala del programma ricevemmo i biglietti per il darshan. Piacevolmente sorpresa, notai che i numeri dei biglietti erano tra i primi: avremmo quindi incontrato Amma abbastanza presto.

Mentre ero tra le sue braccia, un gruppo di devoti cominciò a cantare. Uno di loro fece un assolo fuori tonalità ma con una tale devozione che lei ascoltò rapita l'intero canto. Amma mi tenne tra le sue braccia per tutto il tempo, cullandomi, ridendo e liberandomi da tutte le preoccupazioni e i problemi che pesavano sulle mie spalle. Mentre mi stringeva a sé consolandomi, mi fu chiaro che sapeva perfettamente che cosa ci era successo. Non avevo mai ricevuto un darshan così lungo.

Il mio amico, che venne abbracciato subito dopo, rimase molto commosso da questa esperienza con Amma. Sono profondamente convinta che quel pomeriggio Amma ci abbia salvato la vita. Non ho alcun dubbio che sia stata la grazia a portare al sicuro la nostra auto.

Mentre scrivo queste parole, i miei occhi si riempiono di lacrime. In tutti questi anni Amma si è sempre presa cura di me, guidandomi, ed è la mia fedele compagna. Rimarrò per sempre tra le sue braccia, Amma è in ogni mio respiro, a lei offro tutta la devozione e l'amore della mia anima".

Ci vogliono solo un piccolo sforzo e un po' di fede per vedere che Amma ci tiene per la mano e guida ogni nostro passo. Dobbiamo coltivare la fede che, a un livello più alto, il Divino ci conduce incolumi attraverso le vicissitudini della vita perché, in realtà, questo è quello che Amma sta facendo.

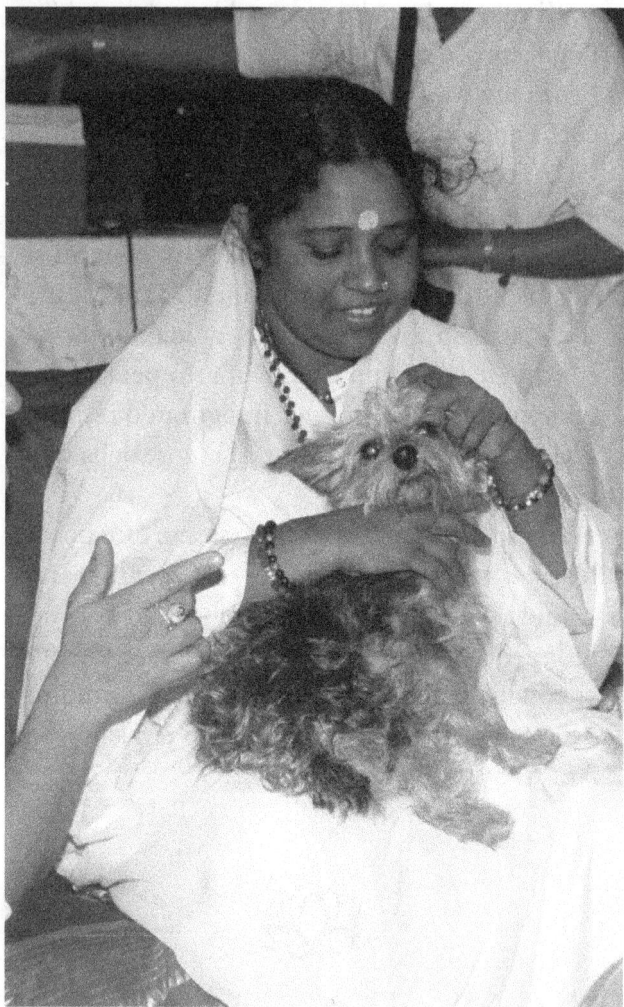

Capitolo 18

Coltivare una fede innocente

Quando guardiamo Amma, è importante non giudicarla in base a quello che percepiamo del suo operato. È preferibile accettare le sue azioni, sapendo che sono sempre la cosa migliore: tutto ciò che lei fa è solo per il *nostro* bene. Noi dimoriamo in una realtà tridimensionale, ma la coscienza di Amma dimora in altri piani. Chi sa quante sono le dimensioni esistenti?

Un giorno un gruppo di scienziati atomici chiese ad Amma: "Ci puoi spiegare come avviene la creazione?" "La creazione ha luogo in una dimensione più alta, voi abitate solo in un piano tridimensionale e quindi la vostra mente non è in grado di elevarsi su piani più elevati per comprenderla" rispose Amma. Non è necessario capire, ciò che importa sono la fiducia e la fede.

Sforzarsi coscientemente di credere in qualcuno come Amma è un atto così puro che attrarrà innumerevoli benedizioni in questa nostra vita. Dobbiamo coltivare una fede forte, certi che lei ascolta tutte le nostre preghiere; nutriamo così tanta fiducia in questioni meno importanti o in persone sciocche e nei loro racconti insulsi! Cerchiamo piuttosto di comprendere che Amma ascolta le nostre preghiere, i nostri desideri e aspirazioni. Costruendo un vincolo d'amore, instauriamo una totale connessione con lei perché l'Amore puro non conosce distanze.

Una volta una donna mi disse che non aveva mai veramente creduto di essere necessaria o desiderata da Amma che era sempre circondata da grandi folle. Si domandava quindi se Amma avrebbe davvero sentito la mancanza nel caso in cui lei se ne fosse andata. Decise allora di metterla alla prova e pensò: "Se Amma vuole che io resti qui, farà certamente in modo che rimanga al programma".

Non scorgendo segni che le indicassero di restare, decise di andarsene: "Beh, visto che non ho ricevuto alcuna indicazione, andrò alla macchina" pensò.

Così la donna uscì, salì in macchina e cercò invano di avviare il motore. Era alquanto infastidita. Perché non partiva? Eccola lì, bloccata; aveva già dimenticato di avere chiesto un segno ad Amma. Accettò la prospettiva che sarebbe dovuta rimanere al programma.

Al termine della serata pensò: "Ora devo andare. Vado a controllare se l'auto parte". Salita in macchina, accese il motore, l'auto si avviò immediatamente e la portò tranquillamente a casa. Solo più tardi la donna comprese che Amma aveva risposto al suo test in un modo che non si sarebbe *mai* aspettata.

Vogliamo che l'intero universo si mostri a noi secondo le aspettative della nostra mente limitata, ma questo non accadrà mai.

Quando qualcuno come Amma ci ha dimostrato chi è, dobbiamo porre fine ai nostri dubbi: soltanto lei sa veramente ciò che è giusto, vero, quello di cui abbiamo bisogno. Spetta a noi inchinarci, abbandonare l'ego e non giudicare attraverso la nostra visione distorta.

Con il piacevole aneddoto che segue, Amma ci illustra la fiducia che dovremmo coltivare per udire in modo chiaro dentro di noi la voce del Maestro:

"Da molti anni la siccità aveva colpito un villaggio, non cadeva neppure una goccia di pioggia. Gli abitanti decisero allora di celebrare un rituale per invocarla. La sera della cerimonia, migliaia di persone si riunirono per assistervi; tra loro solo una bambina aveva portato con sé un ombrello. "Perché hai l'ombrello in una giornata così serena?" le chiesero alcuni.

"Beh, dopo il rito non inizierà a piovere? Con l'ombrello non mi bagnerò". Anche se il sole splendeva nel cielo, la piccola era convinta che avrebbe piovuto. Aveva portato l'ombrello perché era sicura dell'efficacia della cerimonia. Solo lei aveva una fede completa e innocente, il tipo di fede che un discepolo dovrebbe coltivare.

È grazie alla fede che risvegliamo la nostra forza e il nostro potenziale. Essa ci permette di sviluppare la fiducia in noi stessi e confidare nel nostro vero Sé, è questa fiducia nel Sé che ci aiuta ad avvicinarci al Divino che è in noi. Amma dice che Dio è presente in *tutti* ma che non siamo consapevoli di questa presenza. Sono la fiducia e l'abbandono a favorire questa comprensione.

Una volta intrapreso il cammino verso quella sorgente, avvertiremo sempre meglio la Presenza divina dentro di noi.

Siamo nati per imparare a controllare la nostra mente in modo da poter scorgere ovunque la bellezza del Divino, così come fa Amma. Questo mondo non è altro che la manifestazione del Divino. Dobbiamo imparare a nuotare tra i flutti della vita, anche se talvolta rischiano di travolgerci, per arrivare a danzare sotto la pioggia, come piace fare ad Amma. Se ci riusciremo, sarà come avere raggiunto la vetta della spiritualità.

Amma ascolta le nostre preghiere e problemi e ci inonda di doni, per ore e ore offre a chiunque il suo darshan. Così facendo, ci infonde la fiducia che, come lei, anche noi possiamo vincere ogni cosa. Ed è allora che diventiamo veramente capaci di farlo.

Amma ci ha donato tanti ricordi, gemme preziose custodite nello scrigno del nostro cuore. Ricordandoci sempre di lei come nostro fondamento, possano i valori dell'amore, dell'altruismo e della gratitudine risplendere attraverso la nostra vita.

Perché non immaginare che Amma ci tenga per mano e ci guidi? Perché in effetti è proprio così, Amma non ci lascerà mai.